突き抜ける
コンディション革命
順天堂大学医学部教授／
日本スポーツ協会公認
スポーツドクター
小林弘幸
JN076964
ワニブックス

はじめに
突き抜けた先に新しい自分がいる

「あなたはあなたらしく生きていい」
「頑張らなくても大丈夫」
「ありのまま、自然体が一番」

そんな「やさしい言葉」が好まれるようになって、ずいぶんと長い時間がたちます。なぜ人々はそういう言葉を求めるのでしょうか。それは、昭和から平成の初期にかけての時代、世の中があまりにも厳しすぎたからでしょう。

当時の世界は「やさしい言葉」とは反対でした。逃げ出したい気持ちを包み隠して、歯を食いしばって、頑張らないと生きていけない。それが現実でした。

さらに、「そんなことは当たり前だ」「それに耐えられないのなら、生きる価値がない」という無言の圧力がありました。

その結果は厳しいものでした。精神の崩壊、過労死、過労自殺……現実に心を押しつぶされる人が続出しました。「24時間働けますか？」というＣＭが当たり前のように流れていた時代です。

いくらなんでもいきすぎだ――と、状況を改善するために国の政策として進められたのが「働き方改革」です。自殺の原因になるような、長時間労働やハラスメントをなくそうと、専門家の意見に従って、対策を取ってきました。

だから、「やさしい言葉」は、まさに時代の要請でした。意識の変化は少しずつ、人々の生き方の変化として定着していきました。

しかし、その一方で「いきすぎたやさしさ」が問題になってきました。**大変な思いをするくらいなら、頑張らなくていいという考え方が力をつけてしまったのです。**

いつしか、厳しい現実に立ち向かって努力すること、頑張ることの価値が認められなくなってきました。

はたしてそれは、本当にいいことばかりなのでしょうか。今回、私がこの本を書こうと思った動機は、その疑問にあります。

そして、やさしい世界の「やさしい言葉」に安住せず、**困難な時代に立ち向かう肉体とメンタル――すなわち〝最強のコンディションを身につけるための自己改革〟**こそがこの本のテーマです。

やさしい世界に甘んじることなく、進んで厳しい現実に向き合うと必ず壁にぶつかるでしょう。**しかし、その壁を突き抜けることが「成長」です**。絶対に突破できないと思っていたことが、少しずつ成長することによって突き抜けられるようになるのです。それが自己変革、成長のプロセスです。

成長することを「一皮むける」とか「殻を破る」などと表現しますが、まさに脱皮のようなものです。それには大きなエネルギーが必要ですが、そのステップにより強く大きくなれるのです。

この本では、大学病院で総合的な健康管理を長年にわたり指導し、また、多くのアスリートの自己変革をサポートしてきた経験から、どうすれば突き抜けた先の自分に出会えるかについて、具体的な50の方法論を紹介していきます。

実際、私が所属する順天堂大学医学部は、2020年シーズンから、プロ野球・千葉ロッテマリーンズと提携して、選手の医療サポートを行っています。選手たちに心と体を整えることの大切さを説いた結果、チームはさっそくクライマックスシリーズに進出しました（2020年）。今回は「日本スポーツ協会公認スポーツドクター」として、みなさんにもコンディション調整の大切さを伝えていきたいと考えています。

ちなみにこの本はひとつのテーマにつき4ページ構成になっていて、目次はありません。50の中から気になったテーマ、あるいは適当に開いたページを読むなど、リラックスして読んでください。

2020年、2021年、新型コロナウイルスによって人類は甚大なダメージを被っています。その苦境から復興するには、「頑張らない」「自然体」だけではどうにもなりません。

心やさしくて、しかも強いメンタルを持った人たちが、どんどん突き抜けて、世界を素晴らしく変えていくように――そんな願いをこめてこの本を贈ります。

Condition Revolution

01

「誰も信じるな」常に最悪の事態を想定しておく

これは私がロンドンに留学していた頃の話です。
ロンドン大学付属英国王立小児病院外科に勤務することになり、その中心的な医師が初対面の私にこう言ったのです。

「I don't believe you（私はおまえを信じない）」

いきなりのことだったのでめんくらいました。どうしてそんなことを言うのだろう、そういう性格の人なのだろうか……などと、いろいろ考えてしまいましたが、こちらのそんな戸惑いの気持ちはお構いなしに、そのトップ医師は続けて言いました。
「今から、外科の基本を教えてやろう」
私は、どんな小さいことでも吸収してやろうという気構えで行っていましたので、それに続く言葉に神経を集中させました。

「Don't believe anybody（誰も信じるな）」

それがその医師の言う「外科医の神髄」でした。

正直なところ、そんな彼に対して最初は反発心しかありませんでした。ご存じのように外科手術というのはチームプレーでもあります。お互いを信頼してこそ、いい仕事ができるのではないか……と。

しかし、実際に手術を行う彼の姿を見るうちに、そして自分自身が外科手術の執刀経験を積むうちに、彼の言いたかったことを理解しました。

それは、どんな事態になっても決して動揺せずに、平常心を保つために必要なことだったのです。

患者の命を預かる外科手術では、動揺して判断を誤ることがまさに命取りになってしまいます。それを防ぐには、想定外のことや小さなミスで心を乱さないこと、すなわち、すべてが順調にいくものだと思い込んだり、依存したりすることなく、**最悪の事態が起きるものだと思っておくことが重要だったのです。**

それは人間だけではありません。機械だってＡＩだって、いつトラブルが発生するかわかりません。いくら便利だからといって、それに頼り切っていては、不測の事態が生じたときにまったく対応できなくなり、パニックになってしまいます。

もちろん「信じるな」というのは、他人を否定するという意味ではありません。お互いが自分の役割を忠実に実行しようと努力するのは当然のことでしょう。

でも、「できて当たり前」と考えることで、できなかったときに怒りや悲しみという負の感情に支配されてしまわぬように、「できない」可能性もあらかじめ想定しておくことが大切なのです。

これは、人間関係すべてにもいえることではないでしょうか。

家族であっても、友人であっても、同僚であっても、「信じない」、「期待しない」、「期待できない」という想定で接することで、平常心を保ち、広い視野でものごとを判断できるようになりますし、人間関係もうまくいきます。

そして、期待していないからこそ、相手が自分にしてくれること、助けになることに対して「ありがたい」と心から感じられるようになるのです。

Condition Revolution

02

「先手必勝」とは嫌なことを先にやること

「不測の事態でも平常心を保つ」

何気なくそう言いましたが、それはなかなか難しいことです。なぜなら、いざという事態に陥ると、体が勝手に反応してしまうからです。

みなさんも思わず頭に血が上ったり、手にべっとり汗をかいたり、心拍や呼吸が速くなった経験があるでしょう。

そんなときにも平静を保とうと働くのが自律神経です。

内臓や血管の働きなど、24時間365日、人間が生きるために絶対に必要な機能をコントロールするシステムこそが「自律神経」です。自律神経は、人間の意識とは無関係に、絶妙な調整を自動的に行っています。

では、どうやってコントロールしているかというと、簡単にいうとふたつのモードの切り替えです。

オンに当たるのが「交感神経」、オフに当たるのが「副交感神経」です。

交感神経は、活発な動きが必要なときや緊張しているとき、そしてストレスがかかっているときのモードです。それに対して副交感神経は、休んでいるときやリラックスしているときのモードです。

ですから、緊張感が高まったときにも、副交感神経の働きが活発になるようにすることで、平常心を保つことができるのです。

嫌なことに取り組むというのもストレスがかかる状況だといえるでしょう。

そんなときに、平常心を保ったまま、「いい仕事」をするにはちょっとしたコツがあります。**それは、「時間のマネジメント」です。**

ただでさえ現代社会はストレスフルな状況なのに、さらに時間に追われてしまっては、焦りが生じて、精度の高い作業ができなくなったり、集中力不足から正しい判断ができなくなったりしります。

その結果、パフォーマンスの低下が起きやすくなります。

「締め切りが迫っている」

そうなる前に、**嫌な仕事ほど意識して先にやる。すぐにやる。**

何ごとも「先手必勝」。先に先にと手を打っていれば、どんなに難しい仕事でも対処方法を見つけやすくなります。焦る前に取り組みましょう。
心の余裕こそがいいアイディアを生むコツにほかなりません。

仕事の選択という意味でも「先手必勝」は重要です。やるかやらないかの「判断基準」において、とにかく時間のマネジメントを重視するのです。
締め切りまでにできる仕事であれば引き受け、できないのであれば断る——たったそれだけですが、とても大事なことです。それを、「利害」のみで判断してしまうと、間違いのもとになりかねません。

人生において大切なことは、自己の成長であり、変革です。それには、経験を積むことが必要です。時間的にやれることなら、積極的にチャレンジすべきでしょう。もちろん、選んだ仕事で失敗することはあります。でも、その経験は必ず糧(かて)になっていくでしょう。結果、人間としての強さや、やさしさにつながっていきますし、心に余裕ができて、困っている人の気持ちがわかるようになれるのです。

Condition Revolution

03

不調を防ぐために己のストレスを可視化せよ

2020年シーズンから、私が所属する順天堂大学医学部は、プロ野球・千葉ロッテマリーンズと提携して、選手の医療サポートを行っています。

ケガや心身の不調に24時間体制で対応したり、健康管理や栄養管理についても全面的にサポートするなど、チームのメディカル体制を強化しています。

私も石垣島キャンプに合流して、自律神経系の測定を行いました。

専用の機械を使うことで、選手たちの自律神経のバランス（交感神経と副交感神経のバランス）、交感・副交感神経の活性レベル、そして肉体的疲労度などを数値として可視化できるのです。

また、ストレスがかかると量が増えるとされる唾液中の消化酵素「α‐アミラーゼ」をモニタリングすることで、ストレスを数値化する機械も活用しました。

こうした測定を定期的に行うことで、心と体の状態を正確に把握し、選手たちが高いパフォーマンスを実現できるように取り組んでいるのです。

ご存じの方も多いと思いますが、千葉ロッテマリーンズは昨シーズン、前年（20

19年）の4位から2位に躍進。見事にクライマックスシリーズに進出しましたし、福岡ソフトバンクホークスに唯一、勝ち越したチームにもなりました。

もちろん、すべてが私たちの取り組みの成果というわけではありませんが、その一助になったと自負しています。

さて、屈強なイメージのあるアスリートですが、ハードなトレーニングで心身を追い込むがゆえに、自律神経のバランスを崩してしまうことは珍しくありません。

プロ野球選手でも、それが原因で長期にわたる不調に陥るケースが毎シーズンのように発生しています。

また、思いどおりの動作ができなくなってしまう「イップス」も、ストレス過多の状態や、自律神経のバランスが崩れた状態で生じやすくなると考えられています。

とくに注意すべきなのは、**本人が何ともないと思っているのに、測定値が悪い状態のときです**。

そんな状態がきっかけになって、知らず知らずに不振（スランプ）に陥ることが多いのです。また、そんな状態ではケガをしやすくなったり、精神的な落ち込みにつながりやすくなったりもします。

ですから、フィジカル、メンタル双方のパフォーマンスを最高値にまで高めるには、こうしたモニタリングや分析が非常に有効です。

高機能、高性能の測定器は医療機関や研究機関でなければ備えていないでしょうが、最近では簡易的な測定器や、スマホアプリやウェアラブル端末でも自律神経が測定できる製品がリリースされています。

私も監修として『CARTE』というアプリの開発に携わった経験がありますが、自分のコンディションを把握するのに十分な性能がありました。パフォーマンス向上や、事故防止などのために自分に合ったアプリなどを活用してみるのもいいでしょう。

大切なのは感覚ではなく「可視化」です。自分のストレスの状態を知り、しっかりと心と体のコンディションを整えていきましょう。

Condition Revolution

04

自分本来の
持ち味を忘れて
身の丈に合わぬ
戦いをするな

千葉ロッテマリーンズの2020年シーズンは、近年の不振を吹き飛ばすような快進撃。シーズン後半まで福岡ソフトバンクホークス、埼玉西武ライオンズと激しい優勝争いを展開しました。

最終的には2位に終わりましたが、それでも2016年以来4年ぶりにAクラスに復帰。メディカル面でバックアップを行った我々にとってもうれしいことでした。

ロッテの2020年シーズンの成績を見ると、チーム打率が12球団で最低の2割3分5厘だった一方、四球の数はリーグ最多の491。そのため、出塁率ではリーグ3位の3割2分9厘でした。**集中力を持って選球したことを表しています。**

そして、12球団最多の96犠打が示すように送りバントや盗塁、ヒットエンドランといった戦術を多用して、少ないチャンスを拡大して相手バッテリーに心理的な重圧をかけて得点につなげるのもロッテの戦い方でした。リーグ最少の53失策の堅い守備とあわせて、緻密な「スモールベースボール」が持ち味のチームでした。

とくに、**ソフトバンクに対して優位に戦いを進めた点は本当に素晴らしかったといえるでしょう。**なんといっても相手は、2017年から3年連続日本一（当時）という異次元の強さを見せつけていたチームです。

そんな王者ソフトバンクが、明らかにロッテの「いやらしさ」に手を焼いていました。9月初旬には敵地ペイペイドームで3連勝するなど、最大で11勝4敗1分と対戦成績で引き離します。ソフトバンクはロッテに完全に苦手意識を持っていました。

それだけにシーズン終盤の「失速」は残念でした。主力の多くが新型コロナウイルス陽性という不測の事態が発生してしまったこともあり、厳しく激しい優勝争いでチーム全体が疲弊して、体力がもたなかったという印象があります。

それにともなって、「いやらしい攻撃」の鋭さがなくなり、長距離打者の長打に期待するような攻撃しかできなくなっていきました。**やはり本来の持ち味をなくして、身の丈に合わない野球をしてしまったことで、チームの歯車が噛み合わなくなっていったといえるでしょう。**

シーズン終盤、もはやソフトバンクはロッテに対する苦手意識を完全に克服して、最終的な対戦成績もロッテの12勝11敗1分にまで戻されてしまいました。

そして、例年より規模を縮小して行われたクライマックスシリーズ。いずれも接戦にはなりましたが、ロッテは2連敗で敗退となってしまいました。もし、シーズン終盤までロッテらしい戦い方を継続できて、ソフトバンクが抱いていたロッテへの苦手意識が残っていれば、結果は違ったものになっていたかもしれません。

とはいえ、「絶対王者」に対して互角以上の戦いを繰り広げ、リーグで唯一勝ち越したことは誇っていいでしょう。これからも私たちは科学的な根拠のあるバックアップを行って、フルシーズン戦える強いチームになるようサポートしていきます。

また、これまでは「この選手は、なぜ伸びたのか」「この選手は、このシーンでなぜ力を発揮できなかったのか」など、選手を個別に検証した形跡がありませんでした。けれども私たちがスポーツサイエンスの視点を導入することで、これからは科学的な分析が可能になるでしょう。「この選手は、こうだから成功した」「このトレーニングで、このように改善できた」などの因果関係を突き止めることができれば、数年後の未来予想も容易になるはずです。またそこから導き出した法則性を、国民の健康課題に落とし込むこともできるでしょう。私たちはこのプロジェクトを通して、より大きな命題にチャレンジしたいと考えているところです。

Condition Revolution

05

こってり系ラーメンだって食べたけりゃ食べろ

「健康のためなら死んでもいい」という言葉があります。

「長生きでも寝たきりでは意味がない」といった肯定的な意味で使う場合と、健康情報に振り回されている人の滑稽さを笑いのネタとして扱う場合があるようですね。

私が常々信条としているのは、**「すぎたるはなお及ばざるがごとし」**。何ごともやりすぎは毒ということです。とくに「〜はしてはいけない」「〜を食べては絶対にいけない」など、健康に関してはやりすぎに陥りがちです。

私は一般的に「体に悪い」といわれるものも平気で食べます。背脂たっぷり、こってり系ラーメンを食べることもありますし、焼き肉を大食いすることだってありますが、それでもいたって健康ですし、体重もずっと変わりません。

もちろんそれは、自律神経専門の医師として、どうやって体のバランスを保てばいいかという知識を持っているからという部分は大いにあります。

そのまま暴飲暴食が生活習慣になってしまったら、さすがにメタボリックシンドロームになり、生活習慣病に悩むことになるでしょう。しかし、ラーメンを食べたあとの正しいリカバリーの方法や、深酒をした翌朝の正しい過ごし方を理解しているからこそ、健康を害してしまう前に整えることができるのです。

こうした知識、すなわち「ヘルス・リテラシー」があるのとないのとでは、今後の体調管理に大きな影響をおよぼすことでしょう。

しかし、そんなことよりもっと大事なのは、平常心を保つこと、心を壊さないことなのです。ダイエットもそうですが、あまりにも徹底しすぎると、ちょっとしたつまずきですぐにやめてしまうパターンになりがち。**何ごとも完璧主義を目指すと、長続きしない傾向があります**。

どなたにも心当たりがあるでしょう。テレビや雑誌などで見かける健康情報は、「○○をしてはいけない」とか「○○禁止」というものが多いですよね。

でも、禁じられれば禁じられるほど欲しくなるのが人情というもの。「こってり系ラーメンが食べたい」と、心と体が欲しているのに、それを我慢するのは非常に大きなストレスです。

みなさんもストレスが体に悪いのはご存じでしょう。平常心が保てなくなれば、自律神経のバランスが乱れて、結果的に体調を崩す原因にだってなりかねません。ときには自分の感情に従うことも大切なのです。

私はそれを「わがままに生きる」と表現しています。ここでいう「わがまま」とは、好き放題の言動をしたりルールやマナーを守らなかったりする「わがまま」ではありません。そうではなく「あなたの生き方の根幹にかかわる姿勢」「あなたの本当の欲求」に寄り添うといったニュアンスです。わがままに生きると自律神経が整っていきます。次いで、心身の状態がよくなり、思考も前向きになり、人生全体が好転していくことでしょう。

健康とはバランスであり、「極端に走ること」では決してありません。「ダメな自分」のことも認めてあげて、ありのままを受け入れることも大事なこと。あとは、それを知恵でカバーしていけばいいのです。

毎日、仕事を頑張っているのですから、ときには深夜にこってりラーメンを食べてもいいじゃないですか。食べたときの幸福感は何ごとにも代えがたいものです。その分、明日の食事で体を整えてあげましょう。

Condition Revolution

06

ハイパフォーマンスを実現したければ「ゾーン」に入れ

さて、先に交感神経と副交感神経の働きによって、心と体のバランスが保たれているということに触れました。

古くは、この切り替えのことを、シーソーが上がったり下がったりするようなイメージで説明することがありました。

実際、朝から日中にかけては交感神経が優位になり、夕方から夜には副交感神経が優位になる傾向があるため、そのような「モード切り替え」をイメージするのは理解できます。ただし、自律神経の働きを測定機器で測れるようになった今日では、必ずしもそうではないことがわかっています。

実際は、緊張しているときでも、リラックスしている時でも、交感神経と副交感神経の働き方のレベルは、ともに小刻みに変動しています。

つまり、シーソーのようにあちらへこちらへと切り替わるのではなく、次の4つのパターンのいずれかの状態に入っているのです。

①交感神経・副交感神経がどちらも高い

②交感神経が高く、副交感神経が極端に低い
③交感神経が低く、副交感神経が極端に高い
④交感神経・副交感神経のどちらも低い

この中で、ハイパフォーマンスが期待できるのは、どの状態でしょうか？　正解は、「①交感神経・副交感神経がどちらも高い」状態です。

集中しているときでも緊張と緩和を小刻みに切り替えながら、冴えた状態を長時間キープできる状態にあるということ。これを自動車にたとえると、トップスピード、加速力ともに優れた高性能のエンジンがあり、同時に急減速できる高性能のブレーキも備わっているということです。

このバランスが取れていれば、低速で走行するコーナーと高速で走り抜ける直線が繰り返されるような難しいコースでも、自由自在に走ることができるでしょう。①の状態が、まさにそうなのです。

いわゆる「ゾーンに入っている」状態です。

しかし、そのような理想的なバランスをキープできている人は、残念ながらほんのひと握りです。現代人の多くは、「②交感神経が高く、副交感神経が極端に低い」状態だといわれています。

なお、「③交感神経が低く、副交感神経が極端に高い」状態では、アレルギー性鼻炎や気管支喘息などのアレルギー疾患や、関節リウマチや潰瘍性大腸炎などの自己免疫疾患、そして、うつ病などの精神疾患にかかりやすくなります。

そして、「④交感神経・副交感神経のどちらも低い」状態では、とても疲れやすく、やる気の出ない状態になりがちです。

体力・気力・根性があればなんとかなるという方もいるでしょう。しかし、限界を根性で越えるのは無理があります。心や体が悲鳴を上げることになります。

集中力ややる気にも自律神経のバランスが深く関係しています。やみくもに根性論に走る前に、まずは自律神経の仕組みを正しく理解し、「自分自身でバランスを整えていく」という姿勢が非常に大切なのです。

Condition Revolution

07

交感神経と副交感神経をバランスよく働かせろ

戦中・戦後、巨人の主砲として大活躍し、初の2000本安打を記録、監督としても9年連続日本一という唯一無二の偉業を達成した川上哲治さん。**そんな川上さんが残した言葉として有名なのが「ボールが止まって見えた」です。**

こうした特殊な感覚は、ごく限られたアスリートだけが持ち合わせるものだと思われがちですが、意外なことにそうでもありません。

私も中学まで野球をやっていて、ある公式戦でサヨナラヒットを打ったことがありました。実は、そのとき、ピッチャーのボールが止まって見えたんです。本当に止まって見えて、「これはいったいなんだ⁉」と思いました。

高校ではラグビーをやっていたのですが、初めてトライを決めたときのことです。走っていると、なぜか目の前が開け、相手選手の動きが止まって見えました。

後に、アスリートが最高のパフォーマンスを発揮するときに、同じような感覚を持つことを知りました。おそらく、大チャンス、大ピンチという状況がそうさせる部分もあるのでしょう。

たとえば、私が原始時代の狩猟民族だったとして、久々の獲物に遭遇したとします。

これを見事に仕留めれば生きのびることができますが、もしも取り逃がせば、餓死してしまうかもしれない。あるいは、原始人の私が狩りをしていたら思いがけずに巨大な猛獣に遭遇したとしましょう。勇気を振り絞って戦いを挑んで勝つか、一目散に逃げ出さない限りそこで命を落とすことになります。

そういう極限的にストレスがかかる状態では、人間の体は自動的に特殊な反応を示します。瞳孔は開き、より多くの視覚的情報を取り入れられるようになり、滑りを止めるために手足に発汗し、より多くの酸素を吸入して全身に行き渡らせるために呼吸と心拍数が速く激しくなります。消化吸収など代謝に使われるエネルギーの多くは、運動のパワーに使われるようになります。

これらは交感神経がMAXで働いていることを意味します。それと同時に、副交感神経もバランスよくMAXに働くことで、ゾーンに入るのです。

現代では、原始時代のような生死にかかわることはほぼありませんが、スポーツはそういう「戦闘場面」を擬似的に再現したものなので、体が反応するのです。

ラグビーのプレースキッカーの自律神経を試合直前に測定してみると、ゾーンに入っている状態だと、どの角度から蹴ってもほぼ入るという結果が出ました。

ただし自律神経については、「交感神経と副交感神経のうち、どちらが優位か」で、タイプがふたつに大別されます。

およそ9割の人は、生まれつき交感神経が優位のため、意識して副交感神経を上げないと緊張時には自律神経のバランスが崩れて、パフォーマンスが下がります。残り1割の副交感神経が優位な人は、特別に意識をしなくても、緊張しているときのほうがいいパフォーマンスができます。さて、あなたはどちらでしょうか。

私は、少しお話をするだけで、その方のタイプがわかります。テレビで出演者のトークを見ていても、すぐピンときます。会話の「答え方」で判別できるのです。

副交感神経が優位な人は、自分の調子でゆっくり話し続けようとします。一方、交感神経が優位な人は、最初は自分のペースを守っていても、想定外の質問をされた途端、喧嘩腰になるなど、過剰に反応してしまいがち。ゾーンにスムーズに入るには、自分のタイプをまず見極めることから始めましょう。

08

「全集中の呼吸」で危機から脱出せよ！

2020年、アニメ映画『鬼滅の刃』が大ヒットしました。その中でも、主人公たちが大ピンチの局面で使う「全集中の呼吸」が、子どもたちの〝ごっこ遊び〟でも大流行したのだそうです。

お話の中の登場人物たちは、およそ人間業ではない能力を発揮するのですが、この「全集中の呼吸」については、あながち荒唐無稽ともいいきれません。

なぜなら、**呼吸は直接自分で自律神経の機能を高める唯一の行為だからです**。

それ以外の方法では、通常、自律神経を自分の意思でコントロールすることはまずできません。

唯一、呼吸によってだけ、脈拍や血流、消化や吸収、免疫機能など、自律神経に制御されている機能の働きを変えることができるのです。

大ピンチのようなストレスを抱えた状況では交感神経が優位になり、知らず知らず1分間に20回以上もの浅く短い呼吸を繰り返してしまいます。

そこで意識的に深く長い呼吸をすることで、副交感神経の働きを活発化させ、自律神経のバランスを整えることで、ハイパフォーマンスを実現できる状態に持っていくことが可能になります。実際、『鬼滅の刃』の登場人物たちの「全集中の呼吸」は、まさにそのような深く長い呼吸でしたよね。

ここで重要なことがあります。**ストレス状態がずっと続くと、浅く短い呼吸が習慣化してしまうということです**。たとえば、超過労働が続き、いわゆる過労死に至ってしまうような状態がそれに当たります。こうした状況では、発作のような突然死があるだけでなく、自殺してしまうケースも多くなります。自律神経の乱れが常態化してしまうことが原因だと考えられます。

また、浅く短い呼吸を常に繰り返していると、脳に運ばれる酸素量は少なくなりがちです。すると、脳の働きが悪くなり、ネガティブな感情から抜け出せなくなり、正しい判断力がなくなるのです。

逆に意識して深く長い呼吸を習慣化すれば、そうした危険を軽減できるだけでなく、**全身に酸素や血液が巡り、体だけでなく心までも癒やされていきます**。

その結果、ポジティブな感情が支配的になり、次々と正しい判断を下して、体が能動的に動いていきます。

スポーツに目を移すと、テニス選手がサービスのとき、ゴルフ選手がドライバーを打つとき、野球のピッチャーが投げるとき、名選手こそ深く長い息で集中力を呼び寄せていることに気づくでしょう。これこそがゾーンに入りやすい習慣なのです。

いったいなぜ、私がこのように呼吸に注目しているのか。その理由のひとつである実体験についてお話ししておきましょう。

以前、飛行機内で喉頭蓋（こうとうがい）が急激に腫れ、気道をふさぐ急性喉頭蓋炎になったことがあります。その影響で、突然呼吸ができなくなってしまいました。人は息ができなくなるとパニックに陥り、緊張します。すると交感神経が優位になり、ますます息が浅くなって呼吸が苦しくなります。そこで「まず落ち着こう」と考えた私は、機内音楽のヒーリングサウンドを聴きながら、それに合わせてゆっくり深く呼吸するように努めました。それによって徐々に呼吸が楽になり命拾いしたのです。

意識的に呼吸を行う大切さが、おわかりいただけたのではないでしょうか。

Condition Revolution

09

スマイルには100万ドル以上の価値があると知る

マクドナルドの品書きには、「スマイル　0円」という記述があるのは有名な話ですよね。どのお客さんにも笑顔のホスピタリティーで接していることを売り物にしているというわけです。でも私に言わせてもらえれば、スマイルの値段は100万ドルでも安いくらいです。

それを実感させてくれたのが、「シブコ」こと、渋野日向子選手ではないでしょうか。2019年、『AIG全英女子オープン』で優勝。日本人女子選手の海外メジャー制覇は、1977年に『全米女子プロゴルフ選手権』を制した樋口久子選手以来42年ぶりという快挙でした。

そのときに話題になったのが「シブコ・スマイル」でした。中継をしていたアメリカのテレビ局のアナウンサーも、「最終日の最終組でティーオフする選手が、1番ティーであんなふうにスマイルを見せるなんて!」とびっくりしていましたね。海外のメディアがつけたニックネームは、「スマイリング・シンデレラ」。渋野日向子選手の笑顔は、世界から注目されるようになりました。

渋野選手自身も笑顔を意識しているのでしょう。なぜなら、帰国後の記者会見で「最終日最終組でも笑っていられる」ことを強さの秘訣として語っていましたから。その「スマイル」により、最高の結果をたぐりよせたのは疑いようがありません。

実は、表情によって自律神経の状態に変化があるかを実験したことがあります。**測定結果からわかったのは、「笑うと副交感神経が上がる」ことでした。**

面白かったのは、本当に「笑っている」かどうかは関係なく、ただ単純に口角を上げただけの作り笑いでも、まったく同等の数値を記録したのです。

これは私の仮説ですが、「口角を上げる」という笑顔特有の顔の動きが、顔筋の緊張をほぐし、それが顔だけでなく全身をリラックスさせる効果につながっていると考えられます。

「あれもこれもやらなければ！」とパニックに陥ったときや、大ピンチに見舞われたときにこそ、副交感神経を高めて気持ちを整えることが大切。思わず泣きそうなときでも、ひとまずにっこりと微笑んでみましょう。口角を上げるだけで、副交感神経が高まるはずです。

深く長い呼吸とともに、笑顔はゾーンへの入り口になるでしょう。

もちろん、意識的に笑うことは、最初は意外と難しいものです。とりわけ緊張していたり、ここぞというときには力んだりしてしまいがちでしょう。緊張した状態のときは、全身の血管は収縮し、やがて血流が急激に低下してしまう状態になります。すると筋肉の反応は鈍くなり、肩に力が入ったり、息が止まったりして、柔軟な動きができなくなってしまいます。

「笑いにくい精神状態のとき」こそ、作り笑いでもよいので「ひとまずにっこり」を心がける必要があります。

また「笑い」には「免疫力アップ」というもうひとつの大きなメリットもあります。私たちの体内には、免疫の要（かなめ）として働いている、ナチュラルキラー細胞（ＮＫ細胞）というリンパ球の一種がありますが、ＮＫ細胞はウイルスや細菌などの病原体や、体内で発生するがん細胞を破壊してくれます。そのＮＫ細胞が笑いによって活性化することが、ある実験によってわかっています。笑わない手はありませんよね。

10

プレゼン会場では掛け時計を探せ

プレゼン、商談、会議など、ビジネスには緊張する局面がつきものです。しかし、そのような現場で過度に緊張ばかりしていたら、ミスを連発したり、コミュニケーションに支障が生じたりして、最高のパフォーマンスを発揮できなくなってしまいます。それでは目覚ましい結果など、叩き出せるわけがありません。

ですから、緊張から解き放たれ、目の前の課題に集中する方法を知っておいてください。ここでは前の項目に次いで、自律神経に効率よくアプローチをして「ゾーン」に入りやすくする方法についてお話しします。あなたの人生がかかった重大なプレゼンの日などに、ぜひ試してみてください。

それは、**会場で掛け時計を探すこと**。

「なんだそれ？」と拍子抜けしたリアクションが聞こえてくるようですが、たったこれだけのことが、バカにできないくらい効果的なのです。たとえ一瞬でも、**「まったく関係のないことに注意を向ける」ことで、自律神経を整え、本来の自分の調子を取り戻すことができます**。

繰り返しになりますが、緊張している状態というのは、極度にストレスがかかっているため、鼓動が速まり口から心臓が飛び出しそうになっています。

同時に呼吸も浅く短くなっています。血圧が急激に上がっているため、血管が細くなり、血流も毛細血管にまで行き渡っていないことでしょう。このような体のコンディションからして、緊張するなというほうが無理です。異常事態の体に、精神論が通用するわけがありません。自律神経的にいうと、交感神経が優位な状態。そこで副交感神経を活発化させるために、呼吸と笑顔を使うのが効果的と述べました。

一方、極度に高まった交感神経を抑えるのに有効なのが、集中力をほかに向けるという作業なのです。

「掛け時計を探す」という作業に一瞬でも集中すること、それがポイントです。

実際に時計があるかないかはあまり関係ありません。会場を見回して、掛け時計を探すという作業に集中することによって、冷静さを取り戻すことができるのです。

時計を見つけたとき、あるいは時計がないことを確認したとき、交感神経は静まっているでしょう。極度の緊張から抜け出していることにも気づくでしょう。そこからゾーンに入り、自分が本来持つ力を発揮できるはずです。

もしかすると、「緊張を解く方法」として、別の方法をすでに実践している方もいらっしゃるかもしれません。たとえば、「手のひらに指で人という字を書き、それを飲む真似をすると緊張しない」というジンクスは有名です。一般的には「おまじない」といわれていますが、科学的な視点では、自分の手のひらに刺激を与え、そこに意識を集中させる作業だということもできます。

このような方法は、おまじないとしての効果を信用するのもいいですし、科学的に交感神経を抑える効果も期待できるいい方法だと思います。

いずれにせよ、これらの「緊張対策」に共通していえるのは、「先手必勝」ということです。極度に上がった交感神経を元に戻すのは大切なことです。「掛け時計を探す」にせよ「人という字を飲む真似」にせよ、早めに行ってみましょう。

11

余裕のある「貧乏ゆすり」は「金持ちゆすり」

イチローさんがまだ現役選手だったとき、フィールド内でインタビューを受けているシーンをテレビで見ました。

そのとき印象的だったのが、笑顔と笑い声をあげながら受け答えをしているイチロー選手が、常に体を動かしていたことです。

別に準備運動の時間にインタビューをしているというわけではなかったのですが、ストレッチのような動作をしたり、手足をぶらぶらさせたり、いわゆる「貧乏ゆすり」のように足を動かしたり……正直なところ、落ち着きがないなとも思いましたが、これこそがイチロー選手が日本とアメリカで長きにわたってヒットを打ち続けられた理由だと気づきました。

なぜなら、**人間の体は動かさないと緊張してしまうから**。それは自律神経とも密接に関係しています。体をリズミカルに動かすことによって、副交感神経は活発化します。昔から「貧乏ゆすり」をネガティブなものとして捉えたのは、プレッシャーを受けている人が、そこから逃れようと無意識のうちに体を小刻みに震わせているのだろうと周りが感じたからだと思います。

確かにそういう側面はあって、精神的に余裕がない状態での「貧乏ゆすり」は、極度の重圧から逃れようと、神経質になっている可能性が高いかもしれません。

一方、イチローさんのように余裕がある状態で、それでも体をリズミカルに動かしている場合は、それとはちょっと話が違ってきます。

「ストレスを逃す」という効果を十分わかった上で、あえて副交感神経を効率的に高めるために「貧乏ゆすり」を利用しているのだと思います。

そうなると、もうこれは「貧乏ゆすり」でもなんでもなくて、「金持ちゆすり」以外の何物でもありません。いや、「金持ちゆすり」といったって、「恐喝」のことではありませんので誤解されませんように（笑）。

さて、「金持ちゆすり」と同じような効果を期待できるのが「タッピング」です。

これはトントンと体のどこかにリズミカルな刺激を与えることをいいます。

お母さんが赤ちゃんを抱いているとき、トントンと背中などを手で軽く触りますが、あれも「タッピング」です。やはり、副交感神経の働きを高めることで、自律神経のバランスが整います。

大人のあなたも、手首の外側、ちょうど腕時計をはめたときに文字盤がくるあたりを、反対の手の薬指と中指の2本で「トントントントン……」と、ゆっくりと叩いてみてください。あるいは、両側の側頭部を同時に何本かの指先でゆっくり、トントンと刺激してください。指先で机や体の一部をトントンと叩いてもいいでしょう。

なお、あまり小刻みにけたたましく叩くのは逆効果。**呼吸のスピードを目安に「少し触れるぐらいの力」で、ゆっくりゆっくりするのが効果的です**。不思議なことに、それだけで、イライラ、焦り、不安が軽減します。

もちろん、タッピングと貧乏ゆすりのどちらも、周囲からは落ち着きのない動作に見えるかもしれません。悪い印象を与えないようにするには、イチロー選手のように、余裕のある表情を心がけましょう。

大事な会議やプレゼンなどの前に、ぜひ試してみてください。

12

その「ため息」は幸せを連れてくる

「貧乏ゆすり」と同じように、一般的にはネガティブなイメージがあるけれど、自律神経的に非常にいいのが「ため息」です。

幸せが逃げるといって極端に嫌う人もいますよね。これもやっぱり「鶏が先か卵が先か」のような話。不幸な境遇にある人にとって、**「ため息」は心と体を楽にしてくれる、とってもありがたい薬のようなものです。**

でも周囲の人は、その人が不幸であることを知っていますから、「不幸な人は、ため息をたくさんついている」という事実から、「ため息をつくと幸せが逃げる」という曲解につながってしまったのでしょう。

しかし、これは迷信にすぎません。

不幸から逃げ出すために、やむにやまれずため息をついてしまう……これは真実だといえます。

先ほども触れましたが、ストレスを抱えたつらい状況では、呼吸は浅く短くなります。そして、そんな状態が続くと、浅く短い呼吸が常態化していきます。すると、脳や体の機能が慢性的に低下し、いつでもネガティブな思考にはまっていきます。

言い換えると、極度に我慢を強いられている状態です。

日本では、我慢をすることを美徳とする文化があります。ひょっとすると主従の関係を重んじた、儒教の影響があるのかもしれません。すぐに弱音を吐いたりせず、「主君のために、歯を食いしばって頑張れ」という教えです。

それは、封建的な社会においては美徳だったかもしれませんし、辛抱することで心身が鍛えられるというのは事実でもあります。

それでもやっぱり、極度のストレス状態を我慢し続けると、心と体は変調を来しきたします。健康に悪いのは明確でしょう。

浅く短い「我慢の呼吸」に見切りをつけて、すべてをリセットしてしまい、深く長い呼吸を取り戻すのが「ため息」です。

もう我慢の限界とばかりに、「はー」と、声をあげながら、吐き出してしまえばいいのです。溜め込んだネガティブな感情も、少しは和らぐでしょう。

ひょっとすると、昔の人は、それを「辛抱が足りない」と非難する思いで、「幸せが逃げる」と表現したのかもしれませんね。

確かに、そこまでの我慢が水の泡になるというのはあるかもしれません。でも、本当につらいのであれば、リセットとリフレッシュは必要です。

私はため息も使い方によっては、**幸せが逃げるのではなく、幸せを呼び込むものだと思います**。上手に息抜きをしながら、また必要な辛抱をやり直せばよいのです。

最後に理想の「ため息」をつく方法について、お話ししておきましょう。「ため息」と「深呼吸」を比べるとやりやすくなりますよ。

深呼吸では「吸う量：吐く量」が「1対1」です。しかし理想のため息である「深いため息」では「1対2」となり、より効果的に自律神経を副交感神経に切り替え、自分の心をコントロールしやすくなります。**ぜひ「吸う量：吐く量」＝「1：2」を心がけてください**。

Condition Revolution

13

スピードアップしたければゆっくり話してゆっくり動け

最近、よく使われる言葉で、私が少し変だなと思うものに「スピード感」というフレーズがあります。「スピードアップしてやります」ではなく、「スピード感を持ってやります」というのは、どういうことなのでしょうか。

単に日本的な婉曲表現なのかもしれませんが、「感じ」があるだけで、実際の「スピード」はないのか？　とツッコミを入れたくなってしまいます。

そこで私が思い出したのが、留学時代のことです。

当時、イギリスやアイルランドで出会った医師たちは、みな非常にたくさんの仕事を、過密なスケジュールでこなしていて、その内容も非常に重圧のかかるものばかり。高い処理能力、スピードを求められていました。

ところが、どの医師もみな、ゆっくりと話していました。私はもともとせわしない性格だったので、一種のカルチャーショックを受けました。

そこで気づいたことは、**「早口でしゃべったところで2倍の情報量にできるわけではない」**ということです。

いえ、たとえ2倍の情報を詰め込めたとしても、それを相手が聞き取りにくかったり、理解できなかったりしては、結果的に伝わる言葉の総量は減ってしまいます。しかも、落ち着きはらって、優雅に振る舞うことで、周囲の人たちも安心することができるでしょう。このことは、自分を改めるきっかけになりました。

ゆっくり話すことをおすすめする理由はもっとあります。

実際、話すスピードを抑えることで、日常生活や仕事によい影響が出てきます。そもそも、どうして早口になってしまうか分析したことはあるでしょうか？　まず考えられるのが、頭の回転が速そうに見えるからとか、ものごとをよく知っていると思わせるとか、自分を大きく見せようとして早口になるケース。この場合、まとまっていないことや、余計なことまで話してしまいがちです。

そうではなく、早く話を切り上げたくて早口になるケースもあるでしょう。これは自信のなさの現れであって、聞く側も不安になるでしょう。**早口のデメリットは信頼感を失うことにあります**。

ゆっくり話すと、しっかりとまとまりのある、ポイントを押さえた話ができるようになります。相手に内容が伝わりやすくなり、結果的に効率のいい伝達になります。ゆったりとした呼吸の中で話すため、脳に十分な血液が行き渡っているので、内容が明瞭になり、説得力も向上します。

動きもゆっくりしているほうがいいでしょう。動く前に「次は何をしようか」とひと息入れ、あえてゆっくり動きます。すると、呼吸が深くなり、新鮮な酸素が全身に巡るようになります。

それを習慣にすることで、いつしか自律神経が整い、心が落ち着き、頭も冴えます。バタバタ動いても処理速度のアップには限界があり、むしろ精度が落ちれば効率は下がります。まさに「急がば回れ」なのです。

短時間で多くの作業をしなければならないときこそ、「ゆっくり始める」こと。最初に全体像を把握し、やるべきことの道筋を考えることができます。なんのことはありません。「急がば回れ」のことわざそのものですよね。

14

真面目すぎるなら待ち受けを「かわいい」「きれい」に

ハイパフォーマンスを実現する秘訣は、高次元で自律神経のバランスを取ることです。アクセルである交感神経もハイレベル、ブレーキである副交感神経もハイレベル。だからこそ、F1ドライバーのような超ハイレベルなドライビングテクニックが実現できる――この理屈は十分理解してもらえたと思います。

しかしながら、それを実際の生活に当てはめようとしたときに、「ブレーキをかけるなんてとんでもない」と考えてしまう人が一定数います。

たとえば、高校野球では選手たちが笑顔でプレーしている場面を多く見るようになりました。これは、緊張せずに伸び伸びとしたプレーをするために、選手たち同士が笑顔でコミュニケーションを取るのが役立つということが立証されたことから、多くのチームで取り入れられるようになったものです。

しかし、そうした科学的な根拠があったとしても、心情的に「ヘラヘラ笑っている」のが許せないと感じてしまう人がかなりいます。

これもひょっとしたら、我々日本人のDNAに深く刻み込まれた価値観なのかもしれませんね。

つまり、「男たるもの、戦いの場で歯を見せるな」とか、「一瞬たりとも気を緩めるな」といった精神が根強く残っているように思います。

そして、そういう精神性で仕事をしている人もかなりいるのです。

仕事とは常に真剣に取り組むべきもので、絶対にミスは許されないのだから、一瞬の気の緩みもあってはならない——確かに、職種によっては、人の命や財産を預かるために、ほんの少しの油断もあってはならないということもあるでしょう。

ただし、そういう場合でも、その状態を長時間続けるわけにはいきません。しっかりと休憩や休息を取らなければ、いざというときに集中力を保った状態を維持できなくなってしまうからです。

でも、あまりにも極端にストイックな人は、ひとときの休息さえも「悪いこと」だと考えてしまうのです。はたしてその末路はどうなるか——心か体、あるいはその両方を病んでしまうかもしれません。

仕事が原因で精神疾患を抱える人で一番多いのは、真面目で几帳面なタイプだと昔から相場が決まっています。

ストレス状態で、浅く短い呼吸が常態化し、血流に問題が生じて、思考がネガティブに固定してしまう……そうなる前に、リラックスすることはいいことなのだと価値観を切り替えなければいけません。

たとえば、**携帯電話の待ち受け画面やパソコンの背景画面を、かわいいペットの写真や、大好きな風景の写真に変えるだけでも効果があります。**ふとその画像を見るだけでも、心が癒やされるからです。

また私は、毎日気に入った風景を写真に撮り、それをインスタグラムにアップすることで、とてもいい気分に浸っています。**どんなに忙しい日常でも、「ふと目にした美しい風景や印象的な瞬間を記録する」という行為が、呼吸を深くし、自律神経を安定させ、心の余裕を生み出してくれるのです。**

このような副交感神経を刺激する仕掛けを、一日の中にちょこちょこ取り入れていくことが、心身の健康に役立つことでしょう。

15

次に向かうために
潔く捨てろ！
あきらめろ！

日本人の道徳感、倫理観に大きく影響を与えたのが武士道です。その定義は難しいのですが、「忠義を尽くし、謙虚さを持って誠実に生きる」といったところが基本だと考えます。

潔く生きる――そういう言い方もできるでしょう。

そんな武士道の「潔さ」は、情報過多の今の世の中でこそ、大切なのではないでしょうか。私は、もっと見直していくべき価値観だと思っています。

なぜなら、今の世の中は、**潔さの対極にある「執着」の愚かさに毒されていると思うことが多いからです**。

執着とは、考えをひとつのところにへばりつかせること。思いどおりにならないのが、気になって気になってしかたなくなることです。

SNSも楽しく使えているのであればいいのですが、「バズりたい」、「人気者になりたい」、「目立ちたい」といった執着にとらわれると、いつのまにか自分を見失ってしまいます。

自分が他人からどう思われているかが気になってしまったり、実態以上に見栄を張ったりすると、いつの間にか「執着」の塊になっているのです。

知り合いや友人の生活を垣間見て、知らず知らず自分と比較して我が身のふがいなさを悲しんだり、逆に優越感を得たり、あえて張り合うような情報を発信して「マウントポジション」を取ったり……SNSの弊害に巻き込まれている人が増えているように思います。


SNSに限らず、思うようにならないことに気持ちを持っていかれると、あまりいいことは起きませんし、同じところをぐるぐる回っていても、なかなか局面は打開できません。**そんなときは、スパッと「あきらめる」のもひとつの方法なのです。**

なぜなら、「あきらめない」という執着心があることで、後悔・恨み・怒り・不安・恐れ等の否定的な感情が湧き上がりやすくなってしまうからです。

積極的に「あきらめる」ことで、そういったネガティブな感情を手放し、自律神経のバランスを整えていくことができるのです。

とはいえ「夢をあきらめない」という姿勢は、それとは別の話で、とてもいいことです。自分にとってもっとも大切なことは、簡単にあきらめるべきではありません。それに向かって、進んでいけるように努力を続けるべきです。だからこそ、それ以外のことには執着しないほうがいいのです。

あきらめることによって、次に向かわなくてはいけなくなります。

あきらめないことを決めることは、あきらめることを決めること。本当に大切なことを実現させるためには、かかわっていてもしかたがないことを見極めて捨て去ることが大事になります。

人間も動物の一種、「動く物」です。じっと止まっていられるようにはできていません。何かに執着し、へばりついていると疲れてしまうもの。**疲れ切ってしまう前に捨て去るものは捨て去って、軽やかに次へ次へと進んでいけばいいのです。**

今に集中していれば、嫉妬や嫌みですら気になりません。そんなものに反応するのは時間の無駄。突き抜けるためには、暇な人と付き合う必要はありません。

Condition Revolution

16

最適な睡眠時間のために空調にこだわれ

睡眠についてはまだまだわからないことも多いのですが、眠っている間は「意識不明」の状態であることを考えると、脳のメンテナンスのために睡眠時間は使われているのだろうということは想像がつきます。また、運動によってダメージを受けた筋肉組織は、眠っている時間帯に修復され、しかも強く太くなります。

そう考えると、しっかりたっぷり睡眠時間を確保することが、翌日のパフォーマンスにつながるのは間違いありません。

睡眠時間の確保と同様、睡眠の質を向上させることも大切。運動や入浴を工夫することで睡眠の質を向上させることができるのです。

また、布団や枕にこだわることも有効です。最近ではいろいろな機能を追求した寝具が幅広い価格帯で販売されているので、予算に応じて自分に合った寝具を選びたいところ。定期的に乾燥させたり、シーツやカバー類の清潔を保ったりすることでも、眠りの快適性を上げることができるでしょう。

睡眠の質に関して、意外と見落とされているのが空調です。昨今、日本の夏の暑さは、異常が当たり前になってしまいました。一昔前は、クーラーをかけたまま眠ると体調が悪くなるという考えの人が多かったと思います。その理由として、温度調節の性能が悪く、冷えすぎになりやすかったことや、湿度が下がりすぎて喉を痛めるケースが多かったからだと思われます。しかし、深夜でも30度を下回らない日が続くようだと、現実的に空調なしでは快適に眠れません。

最近では地域によっては冬の暖房もエアコンでという家が増えているようです。火災の心配が少ないことや、やはり性能が向上していることも関係しているのでしょう。ここでは理想的な空調との付き合い方について、お話ししておきます。

1つ目は「ちょうどいい温度に設定すること」です。最近のエアコンは、夏場でも冬場でも、快適に感じる温度に、自動調節してくれるモードが搭載されています。ですから、さほど気を配らなくても、冷えすぎ、温めすぎを避けられます。

2つ目は、「ちょうどいい湿度に設定すること」です。近年「湿度が下がりすぎない」というエアコンも販売されています。しかし、そういう機能が付いていないエアコンでも、室内に濡れたタオルを掛けておくなど、ちょっとした加湿対策で喉の乾燥を防ぐことができます。

3つ目は、「体に風が当たらないように気をつけること」です。おわかりいただけると思いますが、空調の風が体に直接当たり続けると、私たちは不快に感じます。

もちろん、猛暑の日などに空調の効いた部屋に入った直後など、しばらくは体に風が直接当たっても、気持ちがよいかもしれません。しかし、徐々に体温が奪われ、不快感が増していくものです。睡眠中、知らず知らずのうちにそうならないよう、「空調の設置場所（眠る位置）」「空調の風向き」には注意してください。

睡眠中、体に風が当たると、不快感が増して交感神経も上がります。当然、よい睡眠は得られません。自律神経を整えるように日中にどれだけ意識していても、乱れていくことになります。

そもそも睡眠時は、副交感神経が優位になる時間帯です。せっかくのリラックスの機会を、みすみす損失することになってしまいます。

これを読んで新しいエアコンを買いたくなった人もいるかもしれません。新機種ほど省エネ性能がアップし、電気代も安くなるので、買い替えもおすすめです。

Condition Revolution

17

3分の呼吸で自律神経を整えて安眠すべし

自律神経を整えることで安眠に導くことができます。繰り返しになりますが、意図して自律神経に影響を与える方法は、現在のところ呼吸しかありません。それではさっそく、「安眠の呼吸法」をお伝えしましょう。

①基本姿勢

足は肩幅に開く。肩の力を抜いてまっすぐに立ち、両手はお腹の横に置きます。すると腸のマッサージ効果も期待できます。

②6秒かけて口から息を吐く

軽く上体を前方に倒しながら、6秒をカウントしながらゆっくりと息を吐きます。それと同時に両手を使い、脇腹の肉をお腹の中央に集めるようにして、腸に刺激を与えます。

③3秒かけて鼻から息を吸う

やや背中をそらすようにしながら、3秒カウントしながらゆっくりと息を吸います。それと同時に、腸に刺激を与えていた両手の力を緩めます。

なかなか寝つけないなど、睡眠にトラブルを抱えている場合、この呼吸法を寝る直前に行うと効果的です。

1分間でも効果はあるのですが、3分間ほどやると、きっとより効果を実感できると思います。

せっかくやるのであれば、想像力を働かせて、全身にフレッシュな酸素や血液が行き渡って、体中が健康になるイメージを持ちながら、ゆっくりゆっくり呼吸してみましょう。そのほうがより効果を実感でき、よりリラックスして眠りにつくことができるはずです。

なぜこの呼吸法で自律神経を整えることができるのでしょうか。

それは、**横隔膜の周辺には、自律神経が集まっているからです**。これは、意識しなくても呼吸ができるようにするためだと考えられます。

深く長い息をすると横隔膜がより大きく動き、自律神経、ことに副交感神経が刺激され、高まります。そう、深く呼吸をするだけで「自律神経が整う」のです。

6秒かけて口から息を吐く

3秒かけて鼻から息を吸う

鼻から
3秒間吸う

腸に与えていた
刺激を緩める

Condition Revolution

18

「3行日記」で悪いメンタルの流れを断ち切れ

もうひとつ安眠に役立つメソッドを紹介しましょう。その名も「3行日記」。文字どおり、3行だけ書く日記です。

これもまた、イギリス留学時に教えてもらい、すすめられたものです。ではさっそく、私がおすすめする「3行日記」の書き方をお伝えしましょう。

①今日一番失敗したこと

あえてネガティブな内容を書きます。失敗がなかったときは、嫌な気持ちを持ったことを書きます。「朝から前日の疲れが取れず、だるかった」「後輩の態度に腹が立った」といったことでもOKです。

②今日一番感動したこと

ポジティブな内容を書きます。「映画○○を見て家族愛のストーリーに感動した」「ようやく課題が完成した！」など。楽しかったこと、うれしかったことでもOK。

③明日の目標

もし、目標がなかなか決まらないときには、「新しくできたレストランに行ってみたい」など、一番関心があることでもOK。

日記は、寝る直前にひとりになって、①から順番に書いていきます。必ず日付と曜日を記入しましょう。大事なことは、手書きでノートなどに、丁寧にゆっくりと記入することです。ブログやSNSなどに投稿するのはNG。そもそも、パソコンやスマホは、画面から出るブルーライトが睡眠に影響する可能性があるので、就寝前は控えたいところです。文字数を気にする必要はありませんが、続けることに意味があるので、簡潔に、簡単に書きましょう。

イライラや緊張のために、なかなか寝つけないこともありますよね。まさにそれは、自律神経のバランスが崩れている状態です。そのまま寝ようと思っても、心の中で整理がついていないため、悪い流れを引きずることになります。

そんなバランスの乱れを整え、リセットするのに、この「3行日記」が役立ちます。一日を振り返り、心の整理をつけることで、悪い流れを止めることができるのです。ともすると他人への恨みになってしまいがちな感情を抑え、「自分を変える」ことによって心と体の健康を取り戻すこともできるでしょう。

寝る前に自律神経のバランスを整えると、睡眠中のリフレッシュ効果が高まるので、より疲れが取れるようになり、勇気やパワーも湧いてきます。

また、目標や夢に思いを馳せながら、毎日、手書きすることで、モチベーションを高めることができ、行動変容を起こし、実現へとつながりやすくなります。

ポイントは、素直な心で正直に書くことです。他人に見せるものではないので、気取ったり、本音を隠したりする必要はありません。背伸びせず、飾らない言葉で本心を書きつけることで、さまざまな効果が倍増すると考えてください。

もちろん忙しかったり、体調を崩したりして、「書けない日」だってあることでしょう。そんなときは、あとからさかのぼって書いてもOKです。しかし、空白のまま放置することはおすすめしません。なぜなら「空白ができてしまっても、なんとか埋めておくこと」こそ、日記を気持ちよく習慣化する秘訣だからです。

また、**「日記を空白なく埋めていること」で、達成感や充実感を得られます**。それは、あなたの「自信」や「自己肯定感」を確実に高めてくれることでしょう。

もっと詳しく知りたい方は、拙著『「3行日記」を書くと、なぜ健康になれるのか?』(アスコム)を読んでみてください。

Condition Revolution

19

靴磨きとストレッチで心をリセットしてからぐっすり眠れ

すべての人に「3行日記」をおすすめしたいのですが、中にはどうしても日記は性に合わない、書けないという人がいるかもしれません。それがストレスになってしまっては本末転倒ですので、「代替案」をふたつほど提示しようと思います。

まず、**ひとつが「靴磨き」です。** 一日の終わりに玄関でひとり、椅子に座って、黙々と靴を磨きます。5分ほどの間、集中して磨きながら、その日にあったことなどを思い出します。反省しながら靴をピカピカに磨き上げたら、もう済んでしまった嫌なことはすべて忘れます。こうやって気持ちを切り替えれば、「3行日記」と同じように、自律神経を整えることができるでしょう。

また、靴やカバンなど、自分の道具をメンテナンスすることで、心は安定します。とくに足元に自信が持てるようになると、ドシッとした心で過ごすことができるはず。さまざまな意味で、靴磨きはおすすめできます。

①手をまっすぐ上に伸ばし、両手のひらを外側に向ける

それもあまり気が進まないということであれば、ストレッチはいかがでしょうか。

②両腕を交差させるようにして両てのひらを合わせたら、その姿勢のままゆっくりと1分ほど左右に体を傾ける

立って行ってもいいですし、椅子に座ったままやるのでもOK。呼吸は深く長くを心がけましょう。わずか1分程度、体を軽く動かすだけですが、全身からほどよく力が抜けていきます。また気持ちも穏やかになります。心身ともにリラックスした状態で眠りにつけることでしょう。翌朝も、すっきりと目覚められるはずです。

このように、「3行日記」にせよ、「靴磨き」や「ストレッチ」にせよ、入眠前のルーティーン（儀式）を決めて習慣化することは非常に大事です。**自律神経を「リセット」できるからです。**

逆にいえば、自律神経の乱れは睡眠の質を低下させます。たとえば寝つきにくくなったり、眠りが浅くなったりします。すると、自律神経は一層乱れるもの。だるさやイライラ、ネガティブな感情などに悩まされることになってしまいます。

まずは、いずれかひとつで構いません。入眠前の儀式を継続して悪循環をスパッと断ち切りましょう。

How to Exercise

両腕を交差させる

ゆっくりと左右に体を傾ける

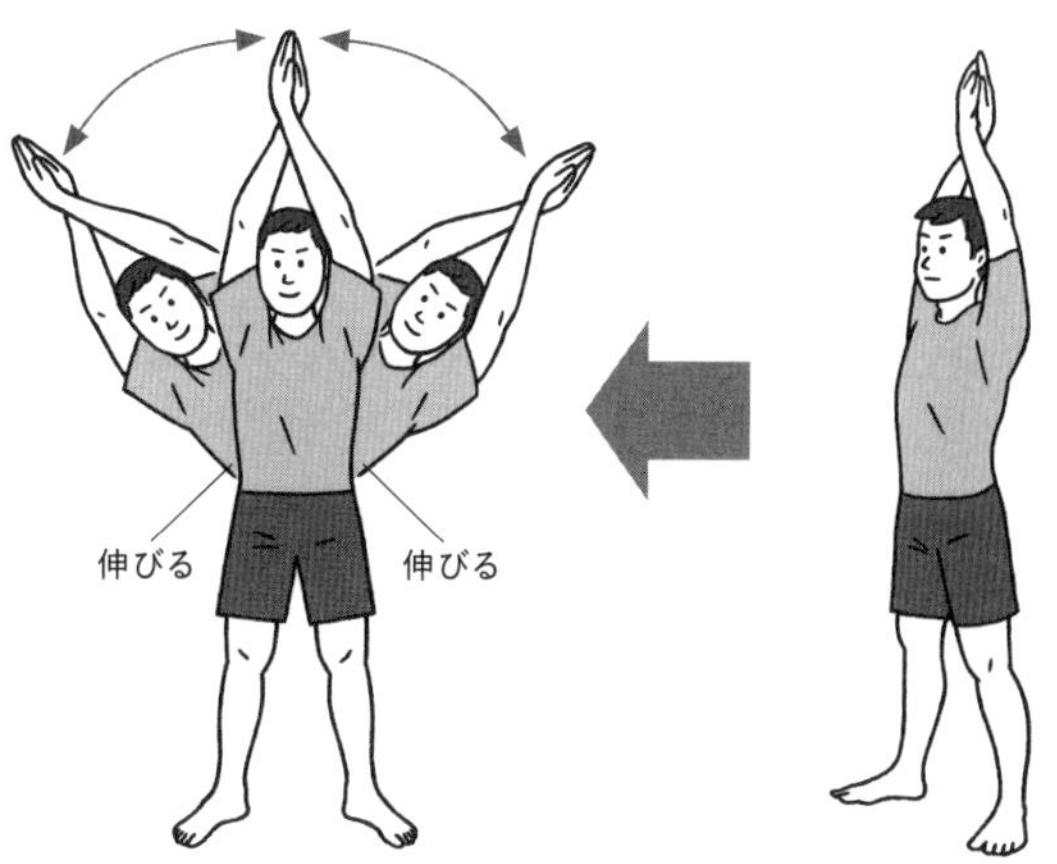

両腕を交差させるようにして両手のひらを合わせたら、
その姿勢のままゆっくりと左右に体を傾ける。

Condition Revolution

20

脳にだまされるな
腸を信じろ！

あなたは、腸のことを単なる消化器官であり、脳に比べれば極めて下等な臓器だと思っていませんか？　まずはその認識を改めていただく必要があります。

昨今、腸の重要性が注目され、「腸は第二の脳である」などといわれますが、私はまだ不満です。**脳よりも腸のほうがずっと頼りになる臓器だからです**。

生物の進化の過程から考えてもそういえるでしょう。腸は脳が出来上がるはるか昔から存在していた根元的なものです。進化の過程はよく樹の枝分かれにたとえられますが、腸は樹の幹に相当し、そこからさまざまな臓器が枝分かれしています。

これは、受精卵が細胞分裂を繰り返して大きくなっていく個体の成長過程でも確認できるのです。

ほとんどの動物は、まず内部が空洞のゴムボール状になります。次に1か所が内側に凹むようにして腸の原型が形成されていきます。

つまり、**真っ先に作られる器官こそが腸なのです**。それから細胞分裂が繰り返され、やがてこの「腸の原型」からさまざまな臓器が派生していく――脳もそのひとつですが、作られるのは腸よりずっとあとです。

そしてもうひとつ、脳よりも腸が生物の根元的な器官であると感じさせる例を挙げましょう。大ケガや脳疾患の影響で、不幸にして大脳の機能を失うことがあります。意識がなくても、胃に直接栄養分を送り込めば、消化・吸収・排泄を行い、生き続けるため「植物状態」と呼ばれます。極めてまれに、この長い昏睡状態から、突如として脳の機能が回復し、意識が戻り、運動機能さえ取り戻すことがあります。つまり、**腸さえ働いていれば、「生命」は維持できるというわけです**。

脳も、腸と同様に神経細胞が張り巡らされた「考える臓器」ですが、考える方向性がまったく違います。体内に入れてはならないものをブロックし、必要なものでも過剰な状態なら排泄する。つまり、**腸は体全体のことを考えて判断しているのです**。

一方、脳は自分勝手です。「体に悪い」と頭でわかっていても甘いものを食べすぎてしまうのは、体全体のことなどお構いなしに、脳が自分の好物を欲しがるせいです。脳の欲求はとどまるところを知らず、自分の体をだましてでも、「もっともっと」と欲しがります。それが競争を生み、活力となり、文明を発展させてきたという見方もできますが、そのせいで不幸になるという負の側面もありました。自動車と交通事故、火薬と爆弾、学問の普及と受験戦争などがその一例でしょう。
欲望まみれの脳に比べて、腸は大人しく、我慢強く、謙虚です。脳のように身の丈以上の発展を望むこともなく、あくまでも大昔からの伝統を守って、腸内細菌という自然とともにあろうとしています。

科学文明も悪いことではありませんが、人間は自然界に棲息する動物の一種でしかありません。人類がどんなに知能を駆使して宇宙を自分の思うままにしようとしても、腸内細菌の力を借りなければ、自分の健康すら維持できない生き物なのです。そこに、まず気づくことが重要です。

ではいったい、私たちはどうすればよいのでしょうか? そうです、脳の求めるとおりに行動し、脳に振り回されるのをやめて、**腸と腸内細菌のためにやさしい生き方をすれば、人間の体はどんどん健全になっていくはずです**。体が必要とするエネルギーや、体の原材料はすべて腸が吸収することから始まります。「健康は腸に始まり腸に終わる」という言葉は、決して言いすぎではないのです。

Condition Revolution

21

腸が問題を解決してくれると悟りなさい

腸は、あなたのさまざまな悩みを解決してくれます。

悩みの本質とは、「ものごとが思うように流れない、進まない」という動かない状態、詰まった状態にあります。まずは、この「詰まり」について考えてみましょう。

首が細い瓶のイメージに近いことから、中身がつかえて出てこない状態のとき、その原因のことを「ボトルネック」、あるいは単に「ネック」と呼びます。要は「目的を達成する際に、障害や問題となる部分のこと」です。

仕事の悩みも、分析してみれば、どこかにあるボトルネックが原因です。現在のような情報化社会では、コミュニケーション不足から来る情報の流れの詰まりが、ビジネスにおいては致命的になるかもしれません。

事故や悪天候でモノの流れが悪くなれば、計画どおりに商品を納品できません。お金の流れが詰まれば経営破綻（はたん）につながります。将棋でも「詰み※」という用語は、負けを意味します（※敗北が確定する状態のこと）。

人体にも、「流れ」を生み出す重要な臓器がいくつかあります。

まずは心臓。心臓は全身に血液を送るポンプの役目を担っています。

それから脳。人間が知覚した情報は、神経細胞の電気信号として脳内に送られます。そして集積された情報から判断をして、次々と行動の指令を発していきます。脳が情報の流れを作っているといえるでしょう。

しかし私は、**人体でもっとも大切な流れを作っているのは「腸」だと断言します。**

どのような生物でも、栄養分を体に取り込んで、それをエネルギーに変えることで生命を維持しています。心臓というポンプが動いているのも、脳というコンピュータが働いているのも、エネルギーを腸が吸収しているから成り立っています。

腸から吸収される栄養分は、活動のエネルギー源となるだけでなく、人体を形成するすべてのパーツの原材料にもなります。生活すること、生きていくことを「食べていく」と表現しますが、まさにそのとおりなのです。

また、腸は食べ物を肛門側へと押し進めるために、縮んだり伸びたりを繰り返します。食べ物をゆっくり進めながら、栄養分を吸収していくのですが、この流れこそ、生命にとってもっとも重要な流れです。

もしも腸の流れにボトルネックができれば、たちまち人体には「エネルギー問題」

「原材料不足」「品質劣化」が発生してしまいます。これが体のすべての悩みの原因となって人々に襲いかかってくるのです。また、腸内細菌たちのエサ不足、すなわち深刻な「環境破壊」を引き起こします。さまざまな体調不良や、肥満、生活習慣病の原因となります。さらに、腸は「右から左へと受け流す」働きもしています。人体にとって有害なもの、無用なものは吸収せずスルーするのです。

たとえば、毒性が強いと判断すれば、体内の水分を使って強制的に押し流してしまいます。これが「下痢」です。腸から体内に入り込もうとする病原菌やウイルスは、腸の周辺で待機している免疫細胞が撃退してくれます。腸が作り出す流れは、目の前にあるものが栄養か毒か外敵かを判断し、必要な対処をしながら、少しずつ先へ先へと進めていきます。この腸の働きこそ、「問題解決」という言葉にふさわしいと私は思っています。

悩みは人それぞれです。健康にまつわる問題、あらゆる人間関係、仕事や生活の問題、恋愛や結婚、育児や教育、将来への不安……悩みが尽きることはありません。だから悩みの解決には、いい「腸の流れ」を作っていくことが重要なのです。

22

腸内フローラを整えることで勝ち方を知ろう

腸内環境の良し悪しは、どのように決まるのでしょうか。最近の研究では、「腸内細菌の種類の違い」に秘密があることがわかってきました。

たとえば、同じものを食べて、同じ運動をしても、肥満になりやすい人となりにくい人がいることは、この腸内細菌の違いが関係しているのです。

将来的な飢餓への備えとして、脂肪細胞は、エネルギーを脂肪として溜め込みます。摂取した過剰な脂肪を際限なく溜め込んで、どんどん肥大していくのが肥満のメカニズムです。

腸の中に棲息する細菌のうちのいくつかは、食べ物を分解して「短鎖脂肪酸（たんさしぼうさん）」という物質を作ります。短鎖脂肪酸は、血液を通して全身に送られ、やがて脂肪細胞にも届きますが、脂肪細胞はこの短鎖脂肪酸を感知すると驚くべき反応を示します。なんと細胞内に脂肪を取り込むのをやめるのです。

つまり、短鎖脂肪酸が、「栄養は十分足りているので、もう脂肪として蓄える必要はない」というメッセージを脂肪細胞に伝えるというわけです。

また、短鎖脂肪酸は自律神経にも働きかけ、交感神経を刺激します。すると代謝が活発になり、摂取したエネルギーを消費し始めます。脂肪の取り込みをやめるだけでなく、さらに燃焼を促進するのです。

このように人間は、天然の「肥満防止システム」というべき働きを備えているのですが、その指令物質となっているのが、腸内細菌が作る短鎖脂肪酸だったのです。

太りやすいかどうかは、腸内細菌が短鎖脂肪酸をたくさん作れるか、そうでないかで決まる――このように、**腸内細菌は人間の個性を決めていたのです。**

また、人間の腸内には１００兆個、重さにして１〜１・５kgもの細菌が棲息しています。さまざまな性質の細菌が寄り集まって、ひとつの生態系を作っています。顕微鏡で見ると、お花畑（フローラ）のようなことから「腸内フローラ」とも呼ばれます。

腸内細菌の分類に関して、「善玉菌が２割、悪玉菌が１割、日和見菌が７割」がよいバランスといわれています。「日和見菌」とは、その名のとおり「善悪どっちつかずの菌」をいいます。善玉菌か悪玉菌か、状況に応じて「優勢なほう」に味方するので、悪玉菌がいったん増え始めると、腸内環境はどんどん悪化してしまいがちです。

また、代表的な善玉菌である乳酸菌やビフィズス菌は、体外に排出されやすいことも明らかになっています。腸内環境を整えていくには、悪玉菌の数を減らし、善玉菌を増やすことが何より大事だと知りましょう。

腸内環境については、まだまだ不明なことも多いのですが、いくつか大切なことがわかっています。まず、腸内フローラが生態系として健全であるためには、多様性を維持する必要があるのです。より多くの種類の細菌が活発である必要があります。

それぞれの菌には、好きな食べ物と嫌いな食べ物があるので、特定の菌だけが活発にならないよう、**人間は偏食をしないように心がける必要があります**。

中でも特筆すべきは、同じ菌の仲間です。きのこ類、みそや納豆などの発酵食品、ヨーグルトなどに含まれるビフィズス菌や乳酸菌……これらを食べても、菌が生きたまま腸に届き、定着するということはまずありません。しかし、食物繊維ともども、こうした菌類は腸内細菌にとって成長に必要なエサとなることがわかっています。

腸内細菌を元気にさせる菌類の摂取、「菌活」を、積極的に行うようにしてください。腸に美しい花を咲かせるイメージで、腸内フローラを整えていきましょう。

Condition Revolution

23

腸の状態を万全にして思いっきり追い込め

他を圧倒するパフォーマンスで突き抜けようとするとき、必ずしも余裕がある状態でいられるとは限りませんし、ここが勝負となれば、多少の無理を承知で追い込まなければいけない時期があるかもしれません。

徹夜してでも仕上げなければいけないとか、とてつもない体力が必要であるとか、忍耐力や集中力が必要となる場合があるかもしれません。

それは体が支えてくれなければ、決して実現できないことです。そんなとき、とくに細心の注意を払いたいのが「腸のコンディション」です。

腸には免疫細胞が集まっているので、**腸のコンディションが整っていれば、免疫力は高い状態が保たれます**。そうであれば、少々体に無理をかけても、ダウンすることなく乗り切ることができるのです。

腸内環境をよくするための方法をいくつか紹介しましょう。

まずは睡眠前後の法則から。「**寝る3時間前までに夕食を腹7分目で終えること**」、そして「**起きてから1時間半以内にしっかりと朝食を摂ること**」です。「食事のタイミング」に気をつけるだけでも腸内環境はかなり整っていきます。

そして「食材を食べるタイミング」も重要です。ベジタブル・ファーストといって、野菜を先に食べ、その後にメイン食材を食べます。この順番こそが、血糖値の急上昇や、それにより血管が傷つくのを防いでくれるため、習慣化することで血流が活発になり、免疫細胞が働きやすくなるのです。


さて、追い込める体作りにもっとも重要な栄養素はたんぱく質です。これが不足すると、他の栄養素がうまく働かないということになりかねません。

良質なたんぱく質を含む、鶏のムネ肉、豚肉、牛肉、魚類、豆腐、納豆、チーズなどの食品から摂るのが理想です。

免疫力向上には、ビタミン類も重要です。

たとえばビタミンCは、免疫機能に関係が深い白血球の機能を高め、抵抗力をアップする作用があります。キウイやオレンジなどのフルーツや、ブロッコリーやパプリカなどに豊富です。

ビタミンDは、免疫のバランスを整えたり、骨を強くします。干し椎茸、青魚類、卵、牛乳などから摂ることができます。

ビタミンAは、喉や鼻などの粘膜を守り、強くしてくれます。ほうれん草やニンジン、カボチャ、うなぎ、レバーや銀だらなどに含まれています。

また、これらの栄養バランスに留意するだけではありません。飲み物にも気をつけてください。**冷たい飲み物を摂りすぎて、体を冷やさないことも大事です。**

このような飲食にまつわる考え方は、アスリートや運動好きな人などにももちろん共通しています。運動量の多い人に追加でお伝えしたいのは、**「激しすぎる運動は免疫力を低下させる」という事実です。**

新型コロナウイルス感染症に多くのアスリートが感染したのをご記憶の方もいるでしょう。競技ではマスクがつけられないという事情も大きいでしょうが、過度の運動により免疫力が低下し、そのせいで感染したというケースもあるはずです。

いずれにせよ、自分自身を追い込まなければいけないときは、適切な飲食などに気をつけて、腸のコンディションを整えていきましょう。

Condition Revolution

24

骨や皮には
栄養が詰まっている
そこを捨てるな

ひとつの仮説なのですが、「現代病とは食生活の変化によってもたらされたものなのではないか」と感じるときが多々あります。

少々乱暴な言い方になってしまいますが、狩りをしていた時代には、うつ病になる人などいなかったと推測します。うつ病になるほどの余裕がなかったという言い方が正しいのかもしれませんね。狩猟民族の時代には起こり得なかったけれど、それが農耕民族の時代になって起こった――その原因は、孤立化や貧富の差にあるのです。実際、ヨーロッパで塩が発見されると、高血圧の人、糖尿病になる人が出現しました。

ここは一度原点に立ち返り、**「食材には無駄なところなどない」と意識する必要があると思います**。人体も食材も同じ。どんなちっぽけな器官にも意味があるのです。魚の骨はほとんどが捨てられているでしょうが、人類にとって重要なカルシウムなどの栄養が多く含まれています。

野菜やくだものの皮などもそうです。硬い、味がない、苦い、渋い、美味しくない、食べにくい……。そんなところに限って、非常に栄養価が高いのです。ですから、安易に残して捨てるのではなく、なるべく残さず、無駄なく食べるにはどうすればいいだろうかと考えることが大切です。

食料が余るほど豊かな状況であれば、「美味しい部分」を選んで食べるようになります。わかりやすい例がスイカでしょう。中心部の甘い部分を好む人は多いものですが、皮までまるごと食べようとする人はほとんどいないはず。「もったいないから食材をまるごと食べなければ」という発想にはなりにくいのです。

そもそも、人類が食材を無駄にするようになったのは、皮肉な話ですが「進化」の代償ともいえます。狩猟民族であった時期は、仲間で協力して狩りをして、獲物は分配して食べていました。毎日、獲物が獲れるとは限らないため、獲れたときは骨や目まで無駄なく食べきっていたようです。

けれども農耕民族になると、畑から収穫したものを、それまでよりは安定して食べられるようになります。そこから食材の無駄が生まれ始めたのでしょう。

つまり人間が豊かさを求めた結果、食べ物が溢れるようになってしまい、それと比例するように、現代病に苦しむ人々も増えてしまった……そうであれば、今こそ、「食べ物を大事にする」「骨や皮も美味しく食べる」という美徳をもう一度見直す時期にきているのではないでしょうか。

これに関連して私には思うことがあります。まず、**「これだけ食べ物が溢れかえっている状況を当たり前だと思わないほうがいい」ということ**。現代社会の便利さは、意外と奇跡的なバランスの上に成り立っていたりします。何かひとつ歯車が狂うことで、「当たり前」がそうでなくなることもあります。

新型コロナウイルスの感染拡大直後の「マスク騒動」を思い出してください。日本国内からマスクがなくなるなんていうことを誰が想像できたでしょうか。

私が英国に留学したときに一番苦労したのが食べ物でした。出てくる料理がことごとく私の口に合わなかったのです。でもただひとつ美味しく食べられるものがあり、それだけは何も残すことなく食べ切りました。

選択肢がないという状況にあると、人間はなんでも食べようと努力します。今は贅沢になりすぎなのかもしれません。資源が豊富な状態が急になくなってしまうことも考えて、今こそ、ものを大事にしていた人類の原点に戻ってみましょう。

Condition Revolution

25

食べ方ひとつで未来の結果を変える

人生の分岐点はどこにあるかわからない――そんな話をしたいと思います。

ここで問題にしたいのは、ランチタイムです。日々、時間に追われ、コンビニでパンを買い、牛乳や甘いコーヒーで流し込むように昼食を食べている人と、温かいものをゆっくりよく噛んで、友人や同僚と会話を楽しみながら食べている人とでは、人生が変わってきます。

それはどういうことか。食べた物が胃腸に入れば、自然と副交感神経が高まり消化・吸収が始まります。しかし、食べ方には注意が必要で、**流し込むように大急ぎで食べると交感神経が高まってしまい、食後に働くはずの副交感神経が上がりにくくなってしまうのです。**

つまり、ゆっくりよく噛んで食べることがとても大切なのです。唾液を分泌するというのも副交感神経の役割ですが、よく噛むということがそのスイッチになるのです。唾液が増えると消化がよくなり、胃腸の負担を減らしますし、便秘もきっと解消しやすくなることでしょう。

よく噛む習慣ができると、いいことばかりが起きます。**飛躍的にアップする「やせ**

効果」もそのひとつ。咀嚼（そしゃく）によってアゴを上下させる回数が増えれば、顔筋トレーニングになり、顔が引き締まって見えます。

そして、よく噛むことで「やせホルモン」や「幸せホルモン」と呼ばれているヒスタミンとセロトニンが分泌されます。そのヒスタミンが分泌されると満腹中枢を刺激して、「お腹いっぱい」と感じられるようになります。

「幸せホルモン」という別名もあるセロトニンは、咀嚼というリズミカルな運動によって分泌され、満足感が高まることで食欲を抑えられます。

これは先述した「タッピング」と同様の効果です。たとえばガムを噛むことも同じようにリズミカルな運動になります。

食べ方といえば、リラックスして楽しく食べることも重要です。やはり副交感神経が働き、消化・吸収がよくなるからだと考えられます。

可能であれば、気の休まる人との会話を楽しみながら食べたり、ひとりで食べる場合でもリラックスできる音楽をかけたりするなど、工夫をしてみましょう。

そして、**食後は少しの時間でもしっかり体を休めることが大切です**。すぐに活動すると交感神経が高まってしまい、消化・吸収しづらくなってしまいます。**温かい食べ物を摂ることも消化・吸収を高めます**。温かいスープなどを飲むと、心がほっこりしますが、これは副交感神経が働くためです。

あと、夏はどうしても冷たいものが欲しくなります。暑さはストレスになるので、少しであればいいでしょう。しかし、夏とはいえ、冷たいものを摂りすぎると胃腸が冷え、副交感神経が働きづらくなってしまうので注意しましょう。夏でも熱い飲み物を選ぶのは、体のためにはいいことです。

さらに踏み込んで言わせてもらうと……交感神経を優位にするコーヒーや緑茶、紅茶などは、避けられれば理想的です。**逆に推奨したいのは、副交感神経を活発にするハーブティー**。要は、カフェインが含まれていないものがおすすめです。

できるだけ体にやさしい食べ方を心がけ、いざというときには体に助けてもらえるようにしておきましょう。

Condition Revolution

26

大事なときに限って下痢をしないように腸を最優先する

最近、お腹のトラブルに悩むビジネスパーソンが急増しているようです。「過敏性腸症候群」（ＩＢＳ）と呼ばれ、ストレスによって引き起こされる便秘や下痢、腹痛などの症状をいいますが、大きく分類すると、①下痢型、②便秘型、③下痢と便秘を交互に繰り返す交替型の３つがあります。

発症のパターンはそれぞれ微妙に違うのですが、共通しているのは「ストレス」、「メンタル」、「排便トラブル」です。

とくに男性に多いのは「下痢型」です。大事なプレゼンテーションの前などにお腹が下ってしまったり、通勤電車の中で腹痛になって途中下車してトイレに駆け込んだりと、社会生活に支障をきたすレベルになってしまうこともあります。

女性に多いのは「便秘型」ですが、人間関係などで重圧を感じたときなどに突然の腹痛に悩まされたり、排便がなく苦しい思いをしたりします。

「交替型」の場合は、プレッシャーを感じると便秘になり、副交感神経が働き出すと下痢になるということを繰り返しますので、非常に苦しい状態が続きます。

いずれのケースでも、もともとのストレスの原因だけでなく、「またお腹が痛くなるかもしれない」という自分の健康状態への心配が重なり、**不安が不安を呼ぶ悪循環になってしまいがちなので、とても厄介です**。

さらに、過敏性腸症候群は、精神的疾患、たとえばうつ病や睡眠障害などの入り口になることもあるため注意が必要です。

昔からストレスによって下痢や便秘が起きやすくなることは知られていましたが、現在ではそうした「一方通行」の因果関係ではないと考えられています。つまり、腸内環境の悪化が先にあり、それが精神に影響を与えることから悪循環がスタートするケースもあり得るのです。

カナダ・マックマスター大学のステファン・コリンズ教授が大変興味深い研究発表をしています。それは、「行動的なマウス」と「臆病なマウス」の腸内細菌をお互いに入れ替えたところ、両者の性格が入れ替わったというものです。

また、オランダの研究グループは、ヒトの場合でも腸内細菌を入れ替えることで、下痢を起こす感染症患者の90%に改善効果が見られたという発表をしています。

こうした実験結果から、メンタルが原因で腸のトラブルが起こっているのだと一方的に決めつけられなくなりました。逆に、「腸内フローラが人間の精神に影響を与えている」という可能性も考慮する必要が出てきたといえるでしょう。

脳が感じるストレスが腸の不調を招くという一方通行ではなく、腸のコンディション悪化が原因となり、脳に悪影響を与えることもある――こうした関連性を「脳腸相関」と呼ぶようになりました。

「脳腸相関」とは、脳と腸が独自に働くだけでなく、互いに密接に影響を及ぼし合う関係のことです。たとえば、ストレスを感じるとお腹が痛くなることがありますが、それは脳のストレスが腸に伝わった証拠です。とはいえ、脳腸相関にはよい面もあります。**腸の調子がよいと、脳の調子までよくなります**。幸せを感じる力が高まったり、脳のストレスが軽減されたりすることがわかっています。

ですから悪循環を断ち切り、好循環を生み出すために、まずは腸内環境をよくすることから始めましょう。そして次に、腸内環境がよい状態であり続けられるように、生活の習慣を「腸を最優先」に考えていきましょう。健康になるには、パフォーマンスを上げるには、幸せになるには、それに尽きるといっても過言ではありません。

Condition Revolution

27

元気を呼び込む「朝の腸活」を実践せよ

では、腸を最優先に考えた生活習慣というと具体的にどのようなものがあるかをお伝えしましょう。といっても難しいことは何もなく、朝に4つのことを実践するだけでOK。みるみる腸の調子がよくなり、健康状態がアップしてくるでしょう。まずは2週間続けるのが目標です。

●「朝の腸活」4ステップ

①コップ1杯の水を飲む

起床後に摂った水分は胃に送られ、胃の重みで腸が刺激されて蠕動(ぜんどう)運動(腸が伸びたり縮んだりすること)が活発になります。便が直腸のほうへと送られ、自然と便通がやってきます。

朝は冷水を飲んでも交感神経が優位のため大丈夫。ただ体を冷やしたくない人は白湯(さゆ)をさましたものがおすすめ。一気飲みするのがポイントです。

②朝食を食べる

朝食が体内時計をリセットします。もちろん、腸内環境を整えることも大きな目的。

おすすめメニューは、「大根おろし&ヨーグルト」。

ヨーグルトの乳酸菌と大根おろしの食物繊維で、腸内環境を最高の状態に導きます。大根おろしは、水溶性食物繊維が豊富なため、便の水分を増やして柔らかくしてくれます。さらにハチミツをかけて食べると、効果はさらにアップします。ハチミツには、善玉菌のエサとなるオリゴ糖が含まれているからです。

③アマニ油を大さじ1杯飲む

快適な排便には適度な油分の摂取が不可欠です。便の滑りをよくする「潤滑油」の役割を果たし、スルッと出しやすい状態にしてくれます。油分を摂るなら、アマニ油がとくにおすすめ。小腸を刺激して、排便を促す作用があります。

そもそもアマニ油とは、アマ科の「アマ」の種子「アマニ」を原料とした油のことです。西洋では古くから食用として親しまれてきました。「オメガ3脂肪酸」を含むため、アレルギー症状などの炎症を抑えたり、動脈硬化や血栓を予防したり、血圧を下げるなど、さまざまな健康効果がわかっています。

一方で熱に弱いため、生のまま摂る必要があります。とはいえ、油をそのまま飲むことに抵抗があるなら、サラダにかけたり、ヨーグルトにかけたりしてみましょう。

④腸活ストレッチ

腸の活動を促す「わき腹つかみ腰回し」の運動です。腰を回すことで、腸全体に刺激を与えることができます。また、わき腹をつかむことで、腸に圧をかけ、活性化を促します。今までのステップが「中から刺激を与える腸活」だとしたら、これは「外から刺激を与える腸活」です。ポイントは3つだけ。

①背筋を伸ばして両足を肩幅に開いて立つ
②左手で肋骨の下、右手でわき腹（腰骨の上）を力強くつかむ
③肛門を締めながら、腰を右回りに大きく8回まわす（左回りも同様に）

これら4つの腸活メソッドは、どれもすぐできる簡単なものばかりですが、完璧にやろうと意気込む必要はまったくありません。全部やらずに、やりやすいものをひとつ試すことから始めても構いません。軽い気持ちでやってみるくらいでいいのです。それだけでも、2週間でその効果を実感できることでしょう。

Condition Revolution

28

発酵食品のパワーを活用しコロナウイルスも寄せつけるな

「人間の考え方、性格はなかなか変えることができない」とよくいいます。「三つ子の魂百まで」ともいいますが、確かに人格の基本的な部分は、幼少の頃に決まってしまうというのはあるようです。

実は、腸内細菌の構成である腸内フローラも、ほぼ生まれてしばらくの間で決まってしまうということが最近の研究でわかってきました。驚かれるかもしれませんが、なんと生後5か月で決まるようです。しかも、腸内フローラは周囲との接触に影響されることから、身近な母親の腸内フローラと同じようになるため、どうしても母親と似たり、同じ病気になったりしやすいのです。

また大変興味深いことに、腸内細菌の種類や構成比は、生後5か月で決まったあと、どんな食生活をしようともあまり変化しないそうです。ただし細菌のシェアが変わらなくても、働き方は変わります。全体の7割を占める日和見菌が、善玉菌につくか、悪玉菌につくかは、生活習慣、もっと言うと「生き方」次第で変わるのです。

ですから、私の「人の性格についての考え方」は、一般的なものとは少し違います。よくいわれる「性格はなかなか変わらない」というふうに捉えるのではなく、**「人は**

腸内環境を変えようとはなかなか思わない」――そう考えてみませんか。

腸内フローラを変えて、善玉菌が威力を発揮できるようにすればいい。その結果、心身が健康になり自信がつき、考え方や性格も前向きになっていく――つまり、**性格や行動パターンは腸内フローラによってある程度変えることができるのです。**

食事で腸内細菌を喜ばせようと思うのなら、まずはいろんなものを食べること。中でも、きのこ類と発酵食品、つまり菌の仲間を積極的に摂ることが大事です。

善玉菌を増やしてくれる発酵食品には、ヨーグルト、納豆、みそ、しょうゆ、キムチ、甘酒などがあります。これらの食品には、乳酸菌、ビフィズス菌、納豆菌などが含まれています。それを食べたからといってそれらの菌が生きたまま腸に届き、腸に定着するということはまずありませんが、先に述べたとおり、こうした菌類は、食物繊維とともども腸内細菌にとって成長に必要なエサとなるのです。

たとえば、ヨーグルトを例にしてご説明してみましょう。ヨーグルトの菌は、善玉菌の代表格であるビフィズス菌を増やしてくれますが、あくまで「転校生」的な存在でしかありません。もともと住んでいた多くの菌に刺激を与え、さっといなくなってしまいます。また、ヨーグルトの菌が生きていても死んでいても、その及ぼす効果はほぼ変わりません。そもそもヨーグルトの菌は、腸に到達する前に、そのほとんどが死滅しています。ですから、好影響を与えてくれているのは、ヨーグルトが発酵する過程で菌が作った乳酸や酢酸、酪酸などなのです。

発酵食品といえば、２０２０年10月に長崎大学が中心となって、納豆や日本酒などに含まれる天然に存在するアミノ酸「５‐ＡＬＡ」が新型コロナウイルス感染症の原因ウイルスである「ＳＡＲＳ‐ＣｏＶ‐２」に対して抑制効果があるという論文を発表し、臨床試験を開始しています。これらの研究成果がどう出るかはともかく、発酵食品の摂取で腸内環境が整い、自律神経や免疫細胞が存分に働けば、体は健康な状態を保てるでしょう。

新型コロナウイルスは、他のコロナウイルスと同様に特効薬のようなものは作れないかもしれません。ただ、**ウイルスは自分の体の力、つまり免疫力で退治するのが基本なのです**。腸内細菌を元気にさせる菌類や発酵食品の摂取、すなわち「菌活」を、今日からぜひ積極的に行ってください。

Condition Revolution

29

「腸トレ」で自分だけの奇跡を引き起こせ！

２０２０年、２０２１年のコロナ禍を経たせいで、まるで遠い昔のことのように感じますが、２０１９年に日本で行われたラグビーワールドカップは、連日すべての試合に世界のラグビーファンが詰めかけ、本当に素晴らしい大会となりました。私も学生時代にラグビーをやっていたので、大変な喜びでした。

そんな日本大会の大成功の呼び水となったのが、２０１５年のイングランド大会、南アフリカ戦における日本代表チームの大勝利でした。

「史上最大の番狂わせ」、「ブライトンの奇跡」とも呼ばれるこの試合は、世界中のラグビーファンを震撼させました。日本が、世界の強豪国に近い存在であることを知らしめた試合だったのです。

世界一過酷な練習が、その奇跡の勝利を生み出したといわれていますが、私はもうひとつポイントがあったのを知っています。**それは「腸トレ」です。**

私は、自律神経の研究者、スポーツドクターとして、これまで多くのアスリートに対してコンディション指導をしています。「ブライトンの奇跡」でもたびたび素晴らしいプレーで我々を魅了してくれた日本代表のトライゲッター・山田章仁（あきひと）選手もそのひとりです。

実は、ワールドカップ開催中も、メールを通じてコンディショニングについて情報のやり取りをしていました。

山田選手がとくに気にしていたのは食生活です。

そこで私は、大事な試合の前には、ヨーグルトや納豆などの発酵食品を積極的に摂るよう伝えました。

一般的に、腹筋や背筋、そして股関節周辺の筋肉など、胴体の筋力を鍛えることで、フィジカルコンタクトに強い体を作れるとされています。すべてのスポーツでこうした「体幹トレーニング」の重要性が叫ばれるようになりました。

私は、それに加えて体幹の内部——**腸を強化することによって真の体幹の強さが実現できると確信しています。**

なぜなら、腸内環境を整え血流を上昇させることで、健康状態をアップさせ、極限的な状態でもハイパフォーマンスを実現できるからです。

ちなみに、あの大会でプレースキッカーとして正確無比なキックを決めた五郎丸(ごろうまる)

歩(あゆむ)さん（今シーズンで現役引退を発表）の大好物は、「納豆のマヨネーズかけご飯」なのだとか。納豆には、良質なたんぱく質、水溶性食物繊維、そして乳酸菌が豊富に含まれています。コンビニなどでも手軽に求められる〝優等生食材〟なので、定期的かつ継続的な摂取はおすすめです。

とはいえ、「納豆だけ摂っていればOK」というわけではないのでご注意ください。あとでご説明しますが、発酵食品は「なるべく多種類を摂ること」が理想的。さまざまな腸内細菌の「好物」を送り届けることができるからです。

発酵食品を摂ることで腸内環境が整うと、血流がアップし、指先や足先の毛細血管までフレッシュな血液が行き渡り、同時に自律神経のバランスも整います。それにより、どんなに緊張する場面でも、正しい判断と正確な身のこなしを実現し、最高のパフォーマンスにつなげることができる――。

日本代表チームが起こした奇跡は、発酵食と「腸トレ」のパワーを証明してくれた試合でもあったのです。あなたも小さな奇跡を起こしたいのなら、ぜひあやかっていきましょう。

Condition Revolution

30

「スーパーフード」みそ汁の能力を侮ることなかれ

健康ブームの昨今ですから、体にいい食材といわれるものは実にいろいろあります。しかし、**自律神経のバランスという観点から、私がぜひみなさんに注目してほしいのが「みそ汁」です**。

昔から当たり前のように食卓に上るみそ汁ですが、各家庭のみその使用量は減少傾向にあるようです。でもそれはあまりにももったいないと私は思うのです。

そもそもみその原料である大豆は栄養豊富な食材。それがみそになっていく「発酵」の過程でさらなる進化を遂げ、栄養満点の「スーパーフード」へと変身します。

みそがスーパーフードだとして、あとはそれをどうやって摂取するかが問題です。高い栄養価を失わないためには、生で食するのがいいのでしょうが、あの独特の臭いを敬遠する人も多いことでしょう。でも、そこは悩む必要なし。もうシンプルにみそ汁でOKです。しかも、その効果が最大になるみそ汁の作り方を開発しました。**名付けて「長生きみそ汁」**。なんといっても手軽に作れる割に、さまざまな健康効果が期待できるので、ぜひ習慣化してほしいと思います。

お好みの具材を加えても美味ですが、レシピどおりに作るだけでも十分な飲み応えがあります。それでは長生きみそ汁に使う「スペシャルみそ玉」の作り方、そして効能についてお伝えしましょう。もっとたくさんレシピを知りたいという方は、拙著『医者が考案した「長生きみそ汁」』（アスコム）をご覧ください。

●材料（10杯分）

赤みそ＝80ｇ　抗酸化作用のある成分「メラノイジン」が豊富です。
白みそ＝80ｇ　ストレスを軽減してくれる「ＧＡＢＡ」が豊富です。
玉ねぎ＝１５０ｇ（約1個分）腸内細菌のエサになる「オリゴ糖」が豊富です。
リンゴ酢＝大さじ１　腸内細菌のエサになる「グルコン酸」が含まれます。

●作り方

①ボウルに玉ねぎをすりおろします。
②赤みそ・白みそ・リンゴ酢をボウルに加えて、泡だて器等でよく混ぜ合わせます。
③ボウルから製氷機に移して冷凍庫で凍らせます（2〜3時間で固まります）。
＊みそ玉＝1個（約30ｇ）がみそ汁1杯分に相当します。
＊だいたい２週間くらいは冷凍保存できます。

●みそ汁の飲み方

＊みそ玉1個をお湯で溶かすだけでも美味しい（だし不要です）。
＊食事と一緒に摂るときは、最初にみそ汁を飲む「みそ汁ファースト」にすると血糖値の急上昇を防ぎます。
＊1日1杯で十分な効果あり！　朝でも夜でもいつ飲んでもOKです。とくに食前に飲んだ場合は、血糖値が上がりにくくなるのでおすすめです。

●「長生きみそ汁」の健康効果

＊腸内環境が整うため、大腸がん、便秘、冷え性、花粉症、肌荒れを予防します。
＊血液がサラサラになるになるため、脳梗塞、不整脈、動脈硬化、エコノミークラス症候群を予防・改善します。
＊生活習慣病（糖尿病、高血圧、高脂血症など）を予防します。
＊慢性疲労や倦怠感が改善するため、思考力・集中力がアップします。
＊うつ、睡眠障害、パニック障害、強迫性障害などメンタルトラブルを予防します。
＊老化のスピードを抑え、肝疾患、シミ・シワ・白髪・抜け毛を防ぎます。

Condition Revolution

31

快適な排便とトイレタイムが健康の源だと知る

さて「漢方」と聞くと、漢方薬による治療を想像するでしょうが、実はさまざまな診察手段を総合して行う医療のことを指します。

舌の色、声の張り、口臭や体臭なども診察をする上での重要な情報。薬や診察方法など日本で独自の発展をとげた部分もあり、現在の漢方診療では行われないケースもあるようですが、**もともとは〝便の臭い〟も重要な情報源でした。**

医師に便を診てもらうというケースは現在ではほとんどありませんが、自身の健康状態を管理する上で、排便は非常に重要な情報です。

「便」という言葉には、「郵便」とか「定期便」とか「交通の便」とか、人やモノや情報が行き来するという意味がありますが、それがウンチのことも意味するというのが面白いところ。詳しいことはわかりませんが、体の内部からやってくる、たくさんの情報が詰め込まれたメッセージという意味があると私は思っています。

ですから、色や形、大きさ、そして臭いなど、**腸内環境を伝える便からのメッセージを必ずチェックするようにしましょう。**

健康な腸からは、「よいウンチ」が出ます。反対に脂っこい食事や不摂生な生活習慣で悪玉菌が増えると、「悪いウンチ」が出ます。さらに細菌性の炎症が起こると、水のような下痢便や、血液を含んだ、赤いウンチが出てくる——つまり、**便は私たちの腸内環境を映し出して教えてくれる鏡のような存在でもあるのです**。

もちろん、便だけで腸のすべてを判断できるわけではありませんが、異常に気づくことで病院を受診するきっかけになるかもしれません。また、日々の食生活の腸への影響を実感できるので、食事を見直すモチベーションも高まることでしょう。便のチェックポイントは、次のとおりです。

●よいウンチ

いきまなくてもスルッと出る。水の中で浮く。歯磨き粉より少し硬い。色が黄色か黄褐色。臭くない。

●悪いウンチ

いきまないと出ない。水の中に沈む。硬かったりコロコロしていたりする、あるいはフニャフニャ、ドロドロ、液体状。茶色や茶褐色（色が濃い）。臭いがきつい。

何よりも定期的な排便こそ健康の源です。便秘で悩む人は非常に多いのですが、ぜひ取り組んでほしいことを挙げておきましょう。

●朝食の前に、コップ1杯の水を飲む

朝食の前に冷水か白湯を一気に飲んで腸を刺激し、朝がきたことを教えてあげましょう。それがきっかけで、腸は元気よく動き出してくれます。また、水で胃が重くなることで、腸に物理的な刺激が加わり、消化に欠かせない「蠕動運動」が活発になります。また水分によって便が柔らかくなるため、スムーズな排便が期待できます。これを1週間毎朝続けると、便通の改善を感じられるでしょう。

●トイレタイムを作り、排便の習慣を体に覚えさせる

毎朝のルーティンとしてトイレタイムを設け、朝食後に必ず便座に座る時間を確保。体にタイミングを覚えさせます。無理に出そうといきむと交感神経が高まり、腸の働きが抑えられてしまいます。腸マッサージをしながら、リラックスして排便にのぞみ、便秘の改善を気長に待ちましょう。15分、あるいは30分待っても無理ならその日はあきらめ、思い悩まずにコツコツと習慣にしましょう。

Condition Revolution

32

腸はあなたを裏切らない！年齢を言い訳にするな

腸とは、単に消化吸収を行ったり、便を作ったりするだけの器官ではありません。全身を巡る血液の質を決定する、「体の要」ともいえる重要な臓器です。

腸のコンディションがよいところでキープされていると、質のよい血液が全身に、細胞レベルまで行き渡ります。その結果、代謝がアップして太りにくくなったり、疲れにくくなったり、心身の不調が改善したりなど、多くの健康効果が見込めます。

また、腸は自律神経に制御されているため、腸を健やかに保てば自律神経も整っていきます。すると、老化の進行が緩やかになり、病気のリスクも減っていきます。つまり腸が元気になり、動きが活発になれば、体はどんどん元気になっていくわけです。

期待できる健康効果の中から、いくつかのメカニズムをご紹介しましょう。

●不眠

腸が正常に働くと、睡眠を促す「メラトニン」がスムーズに分泌するようになるため、睡眠の質がアップします。また、自律神経のバランスが整うことで、しっかりと休息できるようになります。

●**花粉症**

腸には、全身の免疫細胞の約6～7割が存在しています。腸内環境がよくなると、免疫システムが正常に働き、自律神経のバランスも改善するため、アレルギー症状も出にくくなります。季節性の鼻炎、花粉症の症状も弱まります。

●**冷え性**

便秘になると、便によって腸内の血管が圧迫されて、血流が悪くなります。血流のボトルネック（障害や問題となる部分）は冷え性の主な原因になります。腸の状態がよくなれば血流が好転。その結果、手足の冷えが改善されやすくなります。

●**大腸がんリスク**

便秘などが原因で腸が炎症を起こすと、がん細胞ができてしまう可能性が高まります。腸を整えることは、大腸がんのリスクを軽減することにつながるでしょう。

●**肌荒れ・抜け毛**

腸の状態が良好だと、質のよいきれいな血液が全身の細胞に行き渡り、肌トラブルが改善します。顔色はもちろん、シミ、シワ、くすみ、クマもよくなります。また、肌だけでなく、頭髪の状態も改善し、抜け毛が減少、ツヤもアップします。

腸が正しく活動していることは、自律神経のバランスが取れていることを意味します。そうなれば、心と体のボトルネックが徐々に解消されていくことでしょう。

血流の悪さやストレスが原因の症状、たとえば頭痛、腰痛、肩凝り、冷え性や、精神的なイライラ、憂鬱さ、不安定な状態などが改善されていきます。

腸のトラブルにより負のスパイラルに陥っていたものが、逆回転して、身も心も軽くなり、さまざまな異常が抑えられるようになっていくでしょう。

自律神経は、人間が意識しないところで体をコントロールしています。逆にいえば、人間が頭（脳）で考えたり、動いたりすることで、直接的に自律神経の働きをコントロールするのは難しいのです。そこで、腸と自律神経の切っても切れない関係（脳腸相関）を利用してみましょう。腸にいいことを積み重ねることで、意図的に自律神経のバランスを整えていくことが可能なのです。

Condition Revolution

33

食事のリズムを大事にすれば腸内環境が整っていく

「食事で一番大切なことはなんですか？」

よく質問されることですが、もしひとつだけ簡単に表現するなら「サステナビリティ」ではないかと思います。そう、最近、社会的によくいわれるようになった「持続可能であること」という意味の言葉です。つまり、**すぐに破綻してしまうような食事法はやってはいけないのです**。あれを禁止しろ、あれは食べるなといわれたって、そんなことは続きません。無理なことは習慣にはならないのです。目指したいのは、習慣がよいほうへと好転し、それを無理なく続けられている状態です。

ダイエットを例にすると、太らない体質、太ることを拒否する体質に変身すればいいのです。ではそのためには何が必要なのでしょうか。

そう考えると、私にはひとつの答えが浮かびます。**それは「リズム」です**。

ダイエットの場合は、正しい食習慣と自律神経のバランスを整えること。それによって腸内環境と腸の機能をよくすることが目指すべき全体像です。

それを作っていくのが生活の中のリズムです。いいリズムを作り、それを習慣にする。仕事の都合もあるので、難しい人もいるでしょうが、体内時計が狂ってしまう夜更かし型はどうしても自律神経のバランスを崩しがち。まずは早起き型になることがいい生活リズムへの第一歩となります。

そして、食事の時間です。とくに夕食が就寝時刻に近くなると、なかなか寝つけず、睡眠の質が低下して疲れがたまる悪循環になりがち。それだけでなく、自律神経のバランスも乱れていってしまいます。夕食は就寝時刻の3時間前、できれば午後8時までに済ませておきたいものです。

食事のリズムでもっとも重要なのは「6の法則」、つまり**朝食、昼食、夕食は6時間ごとに摂ることです**。6時間の根拠は、消化スピードにあります。食べたものが小腸の末端に到達するのにだいたい6時間かかるのですが、**このタイミングこそ、空腹感とともに美味しく食べられる絶好の機会なのです**。このリズムができれば、腸内環境は飛躍的にアップすることでしょう。

また、腸にボトルネックができる主な原因はストレスです。

お腹が空いたのに食事ができないとイライラするのは当然のこと。もしもそれに慣れて落ち着いていられるようになったとしても、腸と腸内細菌はイライラしています。

腸のストレスはボトルネックのもと、そして自律神経のバランスの乱れのもと。つまり**腸が欲しているタイミングで、リズムよく美味しく食べるのは、「何を食べるか」よりずっと重要なのです**。

そして杓子定規に考えないこと。理想をいえば、朝6時にご飯とみそ汁と漬け物を食べて、食後にヨーグルトを食べたいのですが、早朝、それを続けるのはとても無理ならば、できることだけすればいいのです。時間を優先する、手間を優先する、とにかく「できなかった……」と思うことなく、「できた！」が続くようにしましょう。

たとえばバナナ1本とヨーグルトでも構いません。バナナであれば通勤途中のコンビニでも入手できますし、歩きながらでも食べられます。カロリーは1本あたり約86キロカロリー、食物繊維は100gあたり1・1g、ビタミンB群も豊富で申し分ありません。さらに、消化液の分泌を促すビタミンB_1や、エネルギーの代謝を促すナイアシンまで含まれています。

このように、食事でもっとも大事なのは、体にとって理想のリズムを無理なく維持できる、現実的なメニューを選ぶことなのです。

Condition Revolution

34

朝一のパットは絶対にショートするな

スポーツのコツや上達のポイントとして、共通していえることは意外とあります。そのひとつが、**どんな競技でも技術レベルが低いほど、メンタルの影響が大きく出るということでしょう**。

たとえばゴルフ。初心者のレベルであれば、自分の体を思ったとおりにコントロールするのは至難の業なので、狙ったところに飛ばないのはしかたのないことです。それよりも重要なポイントはパッティング。**初心者レベルではパッティング時の心構えがスコアの差となって現れるのです**。とくに大事にしたいのは、その日のファーストパット。**とにかくショートしないことが一番大切です**。

よくいわれることですが、1センチでもショートしてしまったら、そのパットがカップに入ることは絶対にありません。

逆にかなりオーバーしてしまう強さで打ったとしても、ど真ん中から入ることもありますし、ピンに当たって入ることもあります。

入るかどうかよりもっと大事なことは「攻める気持ち」です。初心者レベルのゴルフのコツは、体をゆったりとした一定のリズムで大きく動かすことにあります。大きな筋肉を伸び伸びと使って、スイングの大きさを調整してボールにどれくらいの力を加えるかを決めるのがポイントです。

逆に初心者レベルでよくある失敗は、緊張で体が縮こまり、動きがコチャコチャと小さく速くなってしまうこと。とくに目の前ですぐに良し悪しの結果が出るパッティングの場合、ついつい体をゆったり動かすことを忘れて、小手先のスイングになりショートしてしまいがちです。

ショートとオーバーとでは、その後のメンタルに与える影響が大きく違ってきます。簡単にいうと、**ショートをもたらす心理状態は、失敗したくないという、まだ現実に起きていないことへの恐れや不安です。**

とくにその日のファーストパットは、その日最初のスコアが決まる一打なので、失敗したくないという思いが強くなり、余計に体が動きにくくなりやすい。でも、現実的に考えて、初心者レベルのゴルファーが計算どおり予定どおりのパットを打てる確率というのは、そんなに高くないですよね。つまり、恐れようが恐れまいが、失敗する可能性が高いわけですから、恐れの心理状態は損でしかありません。

そして、ショートしてしまった場合の最大の問題点は、負のスパイラルに陥りやすくなることにあります。

失敗の受け止め方の大部分が「後悔」であり、非常に否定的な心理状態に陥りがち。「ショートしてしまった……情けない」と、思い切って打てなかった自分の心の弱さを責めてしまうのです。

打つ前は、まだ起きてもいないことを恐れ、打ったあとは、もう済んでしまってどうすることもできないことを悔やむ。これでは、気持ちを切り替えたり、次のこと、今現在できることに集中できなくなるのは当たり前でしょう。

ますます自分のやることを信じられなくなり、恐れと後悔からなるネガティブなイメージの中で次のホールを迎えることになります。

一方、オーバー気味に打てる心理状態は、まず攻撃的、積極的。強めに打つということは、ラインに乗せるよりも、カップに対してまっすぐ打つことに意識が集中します。たとえ失敗しても、失敗を肯定的に考えることができるでしょう。「よし、じゃあ次はこうやってみよう」と、ポジティブに切り替えられるのです。

Condition Revolution

35

通常パターンと緊急パターンルーティンはふたつ用意せよ

いいパフォーマンスを引き出すために、「ルーティン」を取り入れるのは効果的です。ルーティンとは決まった所作のこと。一流のスポーツ選手はみな、ルーティンの重要性が身にしみてわかっています。

先日、現役引退を表明したラグビーの五郎丸歩さんがプレースキックをする前の両手を組むポーズや、現役時代のイチローさんがやっていた、ネクストバッターズサークルからバッターボックスへ向かう際の動きと、バッターボックスでのバットの動きや左手の動きなどが有名ですよね。

またタイガー・ウッズ選手の場合、パットのときに必ず2回、大きい呼吸をしています。また打ったあとは、淡々と歩きます。歩き方は常に一定で、走ることはありません。走ると心拍が乱れ、自律神経が乱れることを知っているからでしょう。とくに、グリーンに上がる姿を見ていると、ゆったりと動いているのがわかります。そうやって呼吸を安定させることで、自律神経を意識的に整えているのです。

彼らのように、**「この手順を踏めば成功確率が高まる」というルーティンを行えば、呼吸、自律神経、血流が順次安定し、心の落ち着きが確保できるのです。**

ここではとくに人気の高いゴルフについて、さらに詳しくお話ししましょう。見ていると、スイングをするまでに一連のルーティンを取り入れている人は多いものです。スイングまでの動作以外でも、ラウンド前をルーティンにするのは効果的。朝は体が動きにくい状態ですので、ストレッチで体をほぐし、打ちっ放しでショットの調整をすれば、第1打の緊張感を多少は解消できるでしょう。

ただし、必ず練習できるとは限らないもの。到着が遅れたり、練習場がクローズしていたりすれば、やりたくてもできません。

このように、できない場合があるルーティンについては、**通常パターンと緊急パターンを用意しておけば慌てることがなくなります**。

たとえば、もし朝の練習ができないのであれば、スタートの3ホールはショット練習の代わりに使うと決めてしまえばいいでしょう。練習場で行うチェックと同じことを、入りの3ホールで行い、その日の傾向をつかむことに集中すれば、失敗ショットで動揺することもなくなります。

ルーティンによって成功パターンをオートマティックに実行するのは非常に有効な

反面、できないとなるとガタガタに崩れがちです。2パターンのルーティンを持っておけば安心でしょう。

とくにビギナーの場合は、心の状態ひとつでスコアメイクがガラリと変わってしまうことが多々あります。たとえば、競技場に行くまでに車が渋滞しただけで、心が乱れてしまうということも珍しくありません。また、ミスショットを引きずると、長いときで3時間ほど、自律神経の乱れから回復できない人もいます。

すべてに共通していえることは、自分の身の丈を知り、失敗することを想定し、プロゴルファーのような結果を望まないこと。**その淡々とした心理状態が、結果として好成績につながることが多いのです**。初めてラウンドするコースであれば、グリーンまでは手堅く手前から行くのが鉄則であり、奥がどうなっているかわからないのですから、大ケガがないように、見えている手前から攻めるべきでしょう。

ゆめゆめ「パーオンを狙おう」などと大それたことを考えてはいけません。グリーンの近くに行けば行くほどバンカーが設けられているのですから、刻んで確実に寄せていくのが身の丈を知ったゴルフです。

Condition Revolution

36

大事なとき リラックスしたければ チョコを食べろ 顔筋を緩めろ

ゴルフのミスショットの原因も自律神経と無関係ではありません。平常心が保てなくなるとき、緊張や不安、迷いが生じると自律神経のバランスが乱れてしまい、本来のパフォーマンスが発揮できなくなってしまうからです。

最初のホールのティーショットはどうしたって不安でいっぱいになりますし、調子がよければよかったで「今日こそベストスコアを出すぞ」と意気込むばかりに、自分にプレッシャーをかけてしまいます。

風が強い、ライが悪い、つま先が上がって（下がって）いる……ちょっとした異変で、いちいち極度の緊張感に襲われてしまうのです。

ひとつミスが出ると、それを引きずってミスの連鎖になってしまうのも、自律神経の乱れで平常心を維持できなくなってしまうから。

ただし、緊張状態のときやストレスを感じているときに、交感神経が活発になるのは悪いことではありません。

それに対して、リラックスしているときに働く副交感神経がバランスよく活発化してくれさえすれば、パワーと正確性を両立できるようになるのです。

そこでまず私がおすすめしているのが、チョコレートを食べることです。

ポイントはボリボリと噛み砕くのではなく、口に含んでなめること。アメをなめるのと同じように、舌で溶かすようにします。すると、舌を動かすことで表情筋が緩みます。それが、自律神経のバランス調整に実に効果的なのです。

アメでも試してみたのですが、ショットの瞬間に喉に詰まりそうになったりして、イマイチでした。溶けるのに時間がかかりすぎるので、ここはやっぱりチョコレートのほうが向いています。

緊張感を解きほぐそうとして、体のあちこちを動かしたり、ストレッチしたりしている人は多いことでしょう。しかし、それよりも大きな効果を見込める方法があります。それは、**顔の表情を緩めることです。**

緊張している人というのは、必ず顔にそれが出るものです。まるで、全身の緊張が最終的に顔に集約されているかのようです。

だったら、それを逆手に取ればいいのです。作り笑顔でもいいので顔の表情を緩める。それによって、全身の緊張感は解けていきます。

そのメカニズムを詳しくいうと、「作り笑顔になることにより、顔の筋肉を緩め、顔の血流をよくして副交感神経を活性化させることで、全身の緊張感が解けていく」という流れです。

そういえば以前、スキージャンプのレジェンド、葛西紀明選手がインタビューに応え、「緊張していたのでジャンプの前に無理やり笑顔を作った」と話していました。彼はまさに「**顔の緊張を取ることで、全身の緊張を解く**」というリラックス法を実践していたのです。

とはいえ「作り笑顔」をいつでもどこでも作るのは、慣れないと難しい。一方、「チョコレートを食べること」なら、気軽に習慣化できますよね。緊張を解くには口の中でチョコレートを溶かす。ぜひお試しあれ。

Condition Revolution

37

ジムに行けないなら自宅でスクワットをせよ

体も心も前向きな姿勢を保ちたいときに、運動の習慣は大事です。とくに、ゆっくりと呼吸をしながら行う運動は、全身の血流をよくしてくれると述べました。また運動をしている瞬間は、自分の感覚だけに集中できるため、暗い気持ちを消すこともできます。運動をしない理由はありません。

「自分も、そろそろ運動を習慣にしよう」——あなたがそう自分に課したなら、ジムと契約するのはいい選択だと思います。人間、先にお金が出ていくことには、「元を取らなきゃ」という考えが働くものです。ただ、お金をかけたくない、近くにいいジムがない、忙しいなどの理由で、ジムに行けない、行きたくないという方もいるでしょう。そんな方におすすめしたいのが、**自宅でやる「かんたんスクワット」です**。

『死ぬまで歩くにはスクワットだけすればいい』(幻冬舎)に詳しく書きましたが、なぜスクワットがよいのかというと、昔からいわれるとおり、やはり足腰が一番大切だからです。どんな運動をするのにも、まずはしっかりと立つこと。ふらつくことなく前後左右のバランスを取りながら、全身の姿勢を保持することが第1の基本です。

そして、両足でリズミカルに移動する歩行が第2の基本。極論すれば、このふたつができなくなったとき、動物の一種である人間は一気に衰退していきます。

「健康寿命」という言葉をご存じでしょうか。WHO（世界保健機関）が公表したこの指標は、「健康上の問題で日常生活が制限されることなく生活できる期間」と定義されていて、日本の健康寿命は男性がおよそ72歳、女性がおよそ75歳とされました。

一方、平均寿命は男性がおよそ81歳、女性がおよそ87歳ですから、健康寿命との間は男性で約9年、女性は約12年も「介護状態」になることを意味します。でも**足腰が強ければ、介護が必要になる状態を避けられる可能性は上がります。**

足腰の衰えは、歩けない、移動できないというだけではなく、転倒しやすくなることに直結します。それが骨折につながるケースも多いのです。年老いてから骨折すると、長い間、運動ができなくなりますので、再び同じ運動能力を獲得するのには並々ならぬ努力が必要となります。というより、それがきっかけで一気に寝たきりになることのほうが多いのです。

そうでなくとも足腰が衰えると、出かけるのがおっくうになってしまうことでしょう。すると脳に新しい刺激が与えられなくなり、認知症のリスクも高まります。

スクワットは自宅でできる運動ですし、道具も必要ないため、たくさんの人が取り組んでいます。「スポーツする時間」を特別に作るよりも、「どこでも運動をする」という姿勢のほうがおすすめですし、結果的に長続きするでしょう。

実際、私自身も6年前から続けていますが、下半身が鍛えられて、ゴルフの飛距離が伸びました。まだ伸びると思っています（笑）。

スクワットの最大の魅力は、大きな筋肉を効率よく鍛えられること。太ももの筋肉、裏側のハムストリング、表側の大腿四頭筋という人間の筋肉の中でも特別に大きい筋肉を強化できるので、それが全身の活力につながります。

ただ、やり方を間違うと、ヒザや腰に負担がかかって、ケガの原因になってしまいます。ストレッチをするときに、完全にヒザが曲がるくらい腰を落とし込むのはおすすめしません。それは、正しい形でやらないと腰やヒザを痛めてしまうからです。

そこで次のページから「かんたんスクワット」をご紹介しましょう。やり方は本当に簡単です。誰でも楽しみながら、気軽に長期間続けられるはずです。

Condition Revolution

38

かんたんスクワットで
自・筋・血の
老化を今から防げ

「かんたんスクワット」の約束はふたつ。ひとつは、**「ヒザを90度以上曲げてはいけません」**というもの。確かに、ヒザを折り曲げて腰を深く沈み込ませるスクワットのほうが、運動の強度は高まりますが、それをやるのにはそもそも筋力が必要ですし、正しいフォームが維持できていないと、すぐにヒザや腰を痛めてしまうのです。

しかし、ヒザを90度以上曲げない、簡易型のスクワットであれば、運動の強度もそこそこある上、ケガの心配はほとんどありません。

もうひとつの約束が、**「沈むときに、ため息のように長く息を吐くこと」**です。やり方の注意事項はこれだけ。いつでもどこでも気軽にできますよね。

ため息と一緒にゆっくりヒザを曲げすぎない範囲で曲げて、ゆっくり戻します。運動不足の人であれば、まずは朝晩3回ずつから始めましょう。続けることに意義があるので、それで十分なのです。もの足りなく感じたら、1回ずつ増やしていったらいいでしょう。たったこれだけの運動でも、次のような効果が期待できます。

まず、老化の3大ポイントと呼ばれる「自・筋・血」、つまり、自律神経・筋力・血流の3つに一気にアプローチできること。

深く長い呼吸をすることでまず、自律神経のバランスを整えます。

また、腹筋や背筋など体幹の筋肉を使うことや、腸に運動刺激を与えることで、排便への好影響が期待できます。あとで詳しく説明しますが、「腸」はコンディショニングにとって非常に重要な臓器なのです。太ももの大きな筋肉が鍛えられるため、効果的に筋力アップが図れるのは先述したとおりです。

また、深い呼吸や、太ももやふくらはぎの筋肉を伸縮させることで、血流を促進します。全身に酸素が送り込まれるためリフレッシュ効果があります。脳にも多くの酸素が届き、認知症予防にもなるので、とにかくいいことずくめなのです。

意外と忘れがちなことですが、あなたが一番若いのは「今日」なんです。5年後、10年後に、元気に笑って暮らすために、今できることをやっておきましょう。

私は朝、昼、夜に各3回ずつ行っています。ラグビーに本格的に取り組んでいた大学時代は、ヒザを深く曲げていましたが、今は軽く曲げるだけ。おかげで、激しい運動などはしていませんが、今も大学時代の体重と体形を維持できています。

How to Exercise

かんたんスクワット

ポイント

ヒザは、90度以上曲げないこと。
沈むときに、ため息のように長く息を吐くこと。

39

走るな！　歩け!!
始めるなら
絶対にウォーキング

最近は、大変なランニングブームですよね。みなさんの周囲にも、フルマラソンやハーフマラソン、さらにはトライアスロンの大会に出場しているという人がいるのではないでしょうか。

しかし、運動は激しくやればいいというものではありません。適度な運動は健康にいいのですが、過度な運動は体に悪いのです。そうした研究は世界中で行われており、もはや常識。**運動のやりすぎは、足腰など運動器のケガに直結します**。先に触れたとおり、運動器のケガは寝たきりを招きかねません。

また、心臓や脳血管の病気のリスクも高くなりますし、激しすぎる運動で体がダメージを受けた状態では、免疫力が低下しますので、**感染症にかかるリスクや、がんになるリスクも高くなります**。そう考えると、アスリートというのは、まさに命がけで鍛錬を重ねているのだといえますね。

問題はどこまでが「適度」で、どこからが「過度」かということ。これは、個人差もあるので一概にはいえないことです。ただしランニングには、過度になりやすい特徴がいくつもあるのです。

俗に「ランナーズハイ」と呼ばれる現象がありますよね。長距離を走ると、心臓や肺に負担がかかり苦しくなるのですが、それを超えると気持ちよくなるというのです。「ハイ」というくらいですから、習慣性もあるようで、一度経験するとやめられなくなりがちです。

また現在のブームを支えているのは、コミュニティーです。仲間同士で走ったり、クラブやサークルで走ったりと、ランナー同士が情報交換をしたり、励まし合ったり、競い合ったりできる環境があることが大きいようです。ランナー交流用のSNSが果たしている役割にも大きいものがあります。

こうした環境により刺激を受けて、5キロ、10キロ、ハーフマラソン、フルマラソン、さらには個人記録の更新と、ついつい「やりすぎ」へと向かってしまいます。

それでもいいからやりたい！　という方を止めるまではしませんが、少なくとも健康にいいからという「勘違い」で、安易にのめり込まないように注意してください。

ランニングはウォーキングよりも運動量が大きいため呼吸が速く、浅くなりがちです。そのため副交感神経のレベルを下げる傾向があります。中高年の場合、そもそも副交感神経のレベルが低下しているので、それをさらに下げるような運動は、望ましくありません。老化を促す危険性が高くなるでしょう。つまり、**健康効果を望むのであれば、ウォーキング程度の軽い運動が最適なのです。**

繰り返しになりますが、我々の研究では、現時点で自律神経をコントロールできる確実な手段は、呼吸です。

ゆっくりと深く長い呼吸をすれば、副交感神経を刺激し、血管を広げて末梢血管まで血流が活発になるという測定結果があります。血の巡りがよくなることで筋肉は緩むため、全身がリラックスできます。**ウォーキングはまさに、深く長い呼吸を意識的にたっぷりできる運動ですので、副交感神経を上げることができるでしょう。**

あと、ウォーキングのとき、呼吸方法で意識してほしいことがあります。深く長い呼吸なのですが、吐くほうをより長くすること。**吸う時間を1としたら、吐く時間が2になるように意識しましょう。**息を吐くとき、首や喉のあたりにある受容体が反応して、副交感神経を高めてくれます。

Condition Revolution

40

コロナ禍の新リスク「在宅疲労」を日々の工夫で吹っ飛ばせ！

コロナ禍が長引き、さまざまな健康被害が出ています。ことにメンタルへの影響には大変大きなものがありますが、医療の観点からすると、「コロナうつ」の元をたどれば体を動かさなくなったことがあるといえるでしょう。

テレワークで運動量が落ちると、血流が滞ります。血流は自律神経と密接に関係しているため、自律神経の働きも落ちますし、それによって血流も滞り……と、負のスパイラルに陥るのです。自律神経の働きが落ちると、腸の蠕動運動も弱まり、炎症が発生しやすくなり、腸内環境が悪化します。すると疲労が蓄積してしまうのです。また、セロトニンの産生も減少してしまいます。セロトニンは「幸せホルモン」とも呼ばれ、この産生が減少すると精神疾患を引き起こすリスクが高まります。

在宅ワークによる運動不足がいかに深刻な事態を招くか、おわかりいただけたと思いますので、先に紹介したスクワットやウォーキングを実践してみましょう。

運動以外では、休憩の取り方にも工夫が必要です。

在宅となると、時間の自由度が高まるため、かえって不規則な働き方になってしまいがちです。通勤しているときと同じように、できるだけ決まった時間に食事をし、規則正しく休憩を取りましょう。

イギリスやアイルランドでは、午後4時にティータイムという習慣がありますが、生活にリズムを作ることが大切なのです。

それよりもっといいのが、**45分働いたら15分のリフレッシュタイムを取ること**。その時間に、3回でも5回でも10回でもスクワットをするといいでしょう。

夜にウォーキングをするのもおすすめです。夕食後から寝る1時間前くらいの間に、小一時間かけてゆっくり歩くのがベストです。

夜は副交感神経が優位になるので、デスクワークによるうっ血を解消するように、大きく手足を動かして歩きましょう。血流がよくなり、きっとリフレッシュできるでしょう。そして、末梢血管の血の巡りもよくなるので、睡眠の質が向上し、肩や首、背中や腰などの凝りや張りも軽減されます。

その後は、ゆったりと入浴できれば最高です。ここでは理想の入浴法についても触れておきましょう。そもそも、眠る前の入浴の最大の目的は「体を清潔に保つこと」ではありません。**「一日の終わりに、滞った血流を整えること」にあります**。この目的を強く意識してください。入浴に適した時間帯は、夕食の30分後から、入眠までの3時間のどこか。時間の長さは約15～20分。最初の約5分間は首までお湯につかり、残りはみぞおちぐらいまでの半身浴が理想的です。

お湯の温度は約40度を目安にしましょう。この条件で入浴すると血流がよくなり、直腸の温度を上げすぎることもなく、体の深部体温が38・5～39度というちょうどよいレベルに保たれます。

ポイントはお湯の温度です。「熱い風呂が好き」という人もいるでしょうし、「42～43度が適温」とする説もあります。しかしそれは医学的に見るとNGです。熱すぎる風呂は、交感神経を急激に上げます。入浴によるせっかくのリラックス作用が、逆効果になってしまいます。また血管が収縮してドロドロになるリスクも高まるでしょう。ですから約40度が適温なのです。

そして入浴の仕上げは水分補給。コップ1杯の水をお忘れなく。

Condition Revolution

41

「マスク警察」よりも「呼吸警察」になろう！

新型コロナウイルス感染症により、私たちの生活は一変しましたが、そのもっとも大きなものが、「人がいる場所では常にマスクをしていなければならない」という習慣ではないでしょうか。マスクをしていない人がいないかと、お互いがお互いを監視するかのようになり、もしもマスクをしていない人がいたら注意をする「マスク警察」なる言葉も生まれました。

ただ、マスクにもさまざまな問題があります。本来、子どもはいろんな感染症にかかりながら免疫を獲得していくものですが、これだけ感染症対策を徹底してしまうと、ある意味でひ弱な体になってしまいかねません。不自然なことをしているという意味では大人も同じですから、やがて何か不都合なことが起きてもおかしくないと思っています。現実に、呼吸については心配なことが多いのです。

すでに何度も触れていますが、自律神経のバランスを整えるのに深く長い呼吸が有効ですが、マスクをしているとそういう呼吸をしなくなります。試しにやってみてください。マスクが鼻や口に吸着してしまい、呼吸しづらくなるでしょう。

そもそも、多くの人は自分の呼吸方法に無自覚です。「息を吸うように嘘をつく」

などという言い回しがありますが、**「私たちが無意識にやっていること」の代表格が呼吸なのです**。

もし、これから「一回呼吸を行う度に、料金が100円かかります」と決められたとしたら、誰もが意識的に呼吸をするでしょう。しかし、いい加減に済まそうと思えばいくらでも適当にできるため、みな無意識のうちに息をしてしまうのです。

また学校などで「呼吸の重要性」を教えてくれるわけでもありませんから、しかたがないという側面もあります。

そんな無意識な呼吸がコロナの影響で「マスク用の呼吸」になっています。つまり、ふだんであれば途中に深く長い呼吸を差し挟んでバランスを取ったりするのですが、そうするとマスクが口に張り付くので、常に浅く短い呼吸ばかりしている可能性が高いのです。それでは、呼吸の質の低下に拍車がかかるばかりです。

また在宅勤務のせいで、あまり開放的とはいえない空間で仕事をするため、心理的な圧迫感を強く覚えるようにもなっています。それも、呼吸を慢性的に浅くする原因のひとつ。せめて外出時には深い呼吸ができたらいいのですが、感染拡大にしたがって「外ならいい」という状況ではなくなってしまいました。

繰り返しになりますが、浅い呼吸ばかりになると、副交感神経の働きが上がらず、自律神経のバランスを乱す大きな原因になってしまいます。

ここで、呼吸を手軽にセルフチェックできるテストをご紹介しておきましょう。

1分間で、自分が何回呼吸をしているか、数えてみてください。たったこれだけ。20回以上呼吸をしている場合は要注意です。呼吸が少し浅くなってきている可能性があるので、意識的な呼吸を心がけてください。

不調につながる慢性的な浅い呼吸が続き、それが長期にわたって雪だるま式に溜まっていってしまう……**私はこれを「呼吸負債」と呼んでいます**。知らず知らずプラスマイナスのバランスが崩れて、全身への酸素供給が足りなくなり、自律神経のバランスも崩れてしまうのです。他人がマスクをしていないかも気になりますが、まずは自分がちゃんと深く長い呼吸をしているかどうかを気にすべき。そう、「マスク警察」になるより、「呼吸警察」になりましょう。

Condition Revolution

42

コロナ禍で健康になる人 コロナ禍で病気になる人

新型コロナウイルス感染症に罹患しなくても、対策生活の中で健康を害してしまう人がいたのは残念なことです。医療現場にいると、「コロナによる健康二次被害」というものがあると痛感しますが、それは、大別すると次の3つになります。

①外出自粛のため、患者さんが医療機関へ行くのを避けるようになり、持病を悪化させてしまうパターン。これには、運動不足が重なって、糖尿病や高血圧などの生活習慣病を悪化させる場合も含んでいます。

②運動不足による筋力低下が原因となり、転倒してケガを負うパターン。

③いわゆる「コロナうつ」で、メンタルを崩してしまうパターン。今後、経済状況の格差拡大が予想されるので、さらに増えてしまうことが懸念されます。

その一方で、コロナ禍どころか、コロナ「福」であるかのように、健康になっている人もいるようで、なかなか興味深いです。まずその分岐点は、テレワークやリモートワークを、どのように捉えたかというのがあるでしょう。

ポジティブに捉えた人は、通勤時間がなくなったので、それを運動時間や家族と過ごす時間にあてることで、フレッシュな心身を保っているようです。

逆にネガティブに捉えている人は、通勤できないこと、オフィスに行けないことによって「失われたこと」に意識があり、そこに執着してしまうことで「新たな展開」を楽しむ余裕がないように思われます。

自己管理ができるかどうかも、コロナ禍とコロナ「福」の分かれ目になっています。

会社にいたときの規則正しい生活習慣を、そのまま在宅時に当てはめた人は、先にも述べたように通勤時間を新たな健康的な習慣に割り当てることによって、よりよいコンディションをキープできているのでしょう。

そこには、通勤していたときにはあった酒の席などが減り、食生活の節制により体重がダウン、さらに酒量も減って肝機能が改善したというのもあるでしょう。

ところが、在宅を「休み」のような感覚で捉えてしまった人の中には、平日にも休日のダラダラ感が混ざってしまった人がいるようです。たとえば、食事の時間が適当になり、通勤時間がなくなって浮いた時間もダラダラと運動もせずに座ったまま過ごすことで、生活習慣が一気に乱れることもあるわけです。その結果、体重が増えたり、お酒の飲みすぎで肝機能が悪化するのでしょう。

つまりコロナ禍で健康になる人と、コロナ禍で不健康になる人がクッキリと二分化されてしまっているのです。**私が懸念しているのは、もちろん後者。「コロナ禍で不健康になる人」です。**

食べる量や飲酒量が増えすぎたり、運動不足に陥ったり、肥満が進んだり、肝機能等さまざまな体の働きが低下したり……さらにいうと不安や心配事などネガティブな感情に振り回されがちになると、免疫力は低下します。免疫細胞も不健康になり、正常な働きから遠ざかります。すると当然、コロナにかかりやすくなるでしょう。

またコロナにかかった場合、「重症化」してしまうリスクの増加も否めません。新型コロナウイルス感染症が重症化すると、「ARDS」（急性呼吸促迫症候群）という呼吸不全に至り、ICU（集中治療室）での治療が必要になります。さらには、呼吸不全から呼吸困難になり、命を落とすリスクも高まります。

では私たちはいったい、どのような対策を立てればよいのでしょうか。次の項目以降でご説明していきましょう。

Condition Revolution

43

運動による反転攻勢でコロナうつをブロックせよ

コロナ禍では、ひとり暮らしの若い女性の自殺者が多いというニュースがありました。観光・旅行業、飲食・接客業など、生活の基盤である仕事がなくなり、経済的な打撃が直接的に影響したのかもしれません。

あるいは、人とのつながりが保てなくなったことで精神のバランスが崩れてしまったのかもしれません。

個々の詳しい事情はわかりませんが、たとえ自殺に至らなくても、コロナ禍で精神疾患を抱える人が増えているのは紛れもない事実です。

そもそも得体の知れない、目にも見えないウイルスへの恐怖があり、それから身を守るためにできることは、できるだけ家にこもる自粛しかありません。まさに「専守防衛」という実情です。

旅行、会食、飲み会、カラオケ、クラブ、ライブ……それまでストレスの解消のためにしていたほとんどすべてのことが中止、自粛、閉鎖ですから、防戦一方です。

現在、外来患者さんの訴えで多いのは、いわゆる「不定愁訴（ふていしゅうそ）」と呼ばれる、頭痛、めまい、食欲不振、疲労感といった症状です。不定愁訴は、血液検査をしても、数値的な異常が認められないのが特徴です。

ところが、自律神経を測定すれば、トータルパワーという活性力を示す数値が著しく落ちているケースが多いのです。そうなると、血流や消化管機能の低下につながりかねません。生命を維持するためのパワーが落ちてしまっているということですから、体のあらゆるところに不調を感じてしまうわけです。

呼吸と自律神経の関係と同じように、負のスパイラルになると、そこから抜け出しにくくなります。じっとこらえる専守防衛で太刀打ちできるものではありません。

それから、在宅勤務によって人との接触がなくなることによって、抗ストレス作用のある「オキシトシン」が欠如してしまうのも問題です。

オキシトシンは、別名「愛情ホルモン」とも呼ばれ、人に多幸感ややさしさをもたらす働きがあります。何人かで食事をしたときは、このオキシトシンが脳から分泌されることが、明らかになっています。

反対に、一人で食事を摂ることが日常化している場合、オキシトシンはどうしても不足しがちになってしまいます。

これは、非常に由々しき事態です。なぜなら、オキシトシンの不足は、いじめや憎悪、認知症にも関係してくるからです。

改善方法としては、一念発起して反転攻勢に出るしかありません。

「疲れたら体を動かせ」という言葉を聞いたことがあると思います。でも、渦巻きの向きを逆にするにはパワーが必要です。拙書『疲れたら動け！』（クロスメディア・パブリッシング）に書きましたが、パワーが落ちていてつらいときこそ、ここは踏ん張って、向きを逆に向けるしかありません。

といっても難しいことはありません。天気のいい日に、元気よく手を振りながら外を散歩すればいいのです。木々や草花に目を向けて、何か気に入ったものに出会ったら、スマホのカメラでパチリとしましょう。できることならその写真をインスタグラムなどにアップしてみましょう。フォロワーと呼ばれる「お友だち」がいなくても大丈夫。「いいね」の数を気にしすぎる必要もありません。きっと、誰かがその写真を見てほっこりしてくれると思います。こうして運動と人との触れ合いを取り戻して、コロナうつをブロックしましょう。

Condition Revolution

44

自律神経を整える「コロナ鍋」でコロナ禍をぶっ飛ばせ

誰が発明したのか、「新型コロナウイルス感染症の感染拡大」を短く4文字で表した「コロナ禍」という言葉。今やすっかり定着してしまいましたが、はじめのうちは「コロナ渦」や、「コロナ鍋」と読み間違えたり、タイプミスされたりしていました。

ここはあえて、免疫力を高めてコロナ禍に対抗する「コロナ鍋」を提唱したいと思います。鍋は冬のものと決めつけがちですが、暑い季節に汗をかきながら熱い食材を食べるのは体にとって悪いことではありません。一年中楽しんでいいのです。

コロナ鍋として、クリアしたいのは次の4つの条件です。

①「きのこ」をふんだんに使う

②動物性の「ビタミンD」

③「発酵食品」は少なくとも2種類

④根菜たっぷり「食物繊維」

では、具体的なアドバイスです。

①「きのこ」をふんだんに使う

えのき茸、エリンギ、ぶなしめじ、椎茸は、比較的安価で年中手に入りますので、どんどん入れましょう。きのこは、腸内でゲル状になり、便を柔らかくする効果がある不溶性植物繊維。食物繊維であるβグルカンは、白血球を活性化し、免疫力を高めてウイルスやがん細胞の増殖を抑えます。ビタミンDも多く含んでいます。

②動物性の「ビタミンD」

新型コロナウイルスへの効果として、免疫力を高めて呼吸器疾患に対抗するといわれるのがビタミンDです。干し椎茸、青魚類、卵、牛乳などに多く含まれます。

③「発酵食品」は少なくとも2種類

みそ、キムチ、醤油、酢、納豆、ぬか漬け、甘酒、チーズ、かつお節、ヨーグルト、発酵バター……工夫して入れてみましょう。なるべく多種類の発酵食品を摂ることで、さまざまな腸内細菌の「好物」を送り届けることができます。

④根菜たっぷり「食物繊維」

便秘を防ぐ効果が高い食物繊維。中でも不溶性食物繊維は根菜や穀類、豆類に含まれていて、便のかさを増し、蠕動運動を促すために腸を刺激します。

とくに注目してほしい条件は、②動物性の「ビタミンD」です。新型コロナウイルスの重症化患者に、ビタミンD不足の人が多いことが、統計学上必然であるとわかってきました。「ビタミンDが不足すると、感染リスクで1・5倍、軽症以上の入院リスクが2倍になる」というデータが報告されているのです。「日本人の7～8割がビタミンD不足」とされていますから、今こそ再注目したいものです。

コロナという未知のウイルスとの戦いを有利に進められるかどうかは、私たちの免疫力にかかっているといっても過言ではありません。この鍋のようなちょっとした工夫を重ねることで、誰でもコロナ対策を講じることができます。

また、こんな鍋を食べれば、交感神経と副交感神経のバランスも整います。家族や親しい人など少人数でも鍋を囲めば、それだけで心がなごみ、リラックスできます。「心の免疫力」まで高めるコロナ鍋をぜひ！

Condition Revolution

45

相手と戦わずに味方の目と戦うことの愚を知る

日本のスポーツ指導とアメリカのスポーツ指導はかなり違うといわれています。少しずつ傾向は変わってきていますが、日本の指導者は基本的にいつも怒っていて、失敗するとさらに激高して怒鳴りつける印象があります。一昔前であれば、殴ったり蹴ったりも当たり前でした。

現在では暴力を使えばすぐに処罰されるようになり、状況は変わりましたが、それでも「言葉の暴力」は根滅していないようです。

「チャンス」についての考え方も違います。高校野球の強豪校になると、1学年で30人とか50人といった数の選手が入部しますよね。

たとえば3学年で合計100人の部員がいたとして、地方大会でベンチに入れるのはわずか20人ですから、それに選ばれなかった80人は公式戦に出場するチャンスすらありません。

これはアメリカでは考えられません。チャンスを平等に与えることが重視されるからです。一般的には、野球部であれば3軍まであって、それぞれのチームで出場機会が与えられます。

活動の中心は試合。メジャーリーグと同じように、シーズンを通じてリーグ戦が運営され、たくさんの試合をこなしていきます。好成績を残せば上の軍に昇格し、成績が悪ければ下の軍に下げられます。

指導者の仕事は、選手たちに野球を楽しませること。出場機会が均等になるように注意を払うことです。そうしないと、保護者からクレームを受けることになります。それは別にモンスターペアレンツでもなんでもなくて、アメリカの常識です。

もちろん、失敗した選手を怒鳴りつけたりはせず、「ナイス・トライ！　次は頑張れよ」と励まします。

練習をするとしても、試合形式でやるのが一般的。日本のように、試合形式ではない練習を長時間やることはまずありません。

さて、こうした日米の違いは、選手の気質に大きな違いをもたらします。アメリカの選手たちは、指導者に褒めてもらいたくて、失敗を恐れることなく伸び伸びといいプレーをしようとします。目の前のボールに集中できるのです。

一方、日本の選手たちは、恐い監督に怒られないようにという気持ちで野球をします。監督やコーチの評価を下げると、試合に出られなくなってしまいますから、**どうしても失敗を恐れて萎縮したプレーになってしまいます。**

練習はすべての部員が一緒にやりますが、試合にはベンチメンバーに選ばれない選手は基本的に出られません。

「B戦」と呼ぶ、第2チーム同士の練習試合を行うこともありますが、数少ないその機会にふだん出場できない選手たちを使おうとするため、ほんの少しの出場機会しか与えられません。

いつしか選手たちはプレーの楽しさを感じることよりも、練習で評価を下げないように、指導者の目ばかりを気にしてプレーすることになります。いえ、本来の意味であるプレー（遊ぶ）ではなく、やらされている感覚に近いと思います。

例として野球を挙げましたが、他のスポーツ、他の組織でもあまり大きな違いはないでしょう。もちろん国民性の違いは多少はあるかもしれませんが、指導のやり方や、環境のあり方によって、若い人たちの成長の芽を摘んでしまっているということに気づいてほしいと思います。

46

突き抜けてしまえば誰からも叩かれない

スマートフォンやSNSが普及してから、他人の目や、他人からの評価を必要以上に気にする人が増えているように感じませんか。

社会生活の中で、自分が「価値のある存在」だと他人に認めてもらいたい、自分のことを理解してもらいたい……。そんな欲求を「承認欲求」といいます。子どもから大人まで、誰でも生まれつき持ち合わせている欲求です。

この欲求はアメリカの心理学者アブラハム・マズローによる、「人間の基本的欲求5段階分類」の中に登場します。レベルの低いものから、次のとおりです。

①生理的欲求
②安全の欲求
③所属と愛の欲求
④承認の欲求
⑤自己実現の欲求

必要以上に他人の目が気になる人の中には、承認欲求をこじらせてしまっている人が見受けられます。自分も認められたいと思いつつ、すでに認めてもらっている人に嫉妬心を持ち、足を引っ張ろうとすることもあります。

たとえばあなたは、頑張って自己変革を繰り返して、小さな成功を着実に重ねていたとしましょう。そうすると、残念なことですが、その結果に対して妬んだりひがんだりする人が一定の割合で現れる可能性が高いのです。

はじめのうちは微笑みながら、ちょっとした冗談や皮肉をいう程度ですが、やがて陰口を叩いたり、何か意地の悪いことをしてみたり、やろうとしていることを邪魔してみたりと、露骨に足を引っ張るようになります。おそらくそれはあなたにとって、非常に目障りで、うっとうしい存在。イライラの素、悩みの種でしょう。

何か不満があるのなら、陰でコソコソと言っていないで、面と向かって言ったらどうなんだと迫りたくなりますが、それは相手の望むところでしょう。きっと、確たる証拠は残っておらず、あなたが喧嘩を売ったことになってしまう恐れがあります。

そんなとき、覚えておいてほしいのが**「他人のことは変えられないし、コントロールもできないが、自分のことならどのようにも変えられる」**ということです。

怒りや悲しみといった負の感情で落ち込むのは、まさに相手の思うつぼ。そもそもなぜこうしたことが起きるかというと、それはあなたが中途半端な成功をつかんでいるからなのです。相手にとっては、すでに大差をつけられたものの、まだ背中はそこに見えている。まだ射程距離範囲内だと思うから、攻撃対象になってしまうのです。

そんな相手の気持ちを、無理やりねじ曲げることは、どうやったってできませんが、自分が変わることは可能です。自己変革によりもっともっと自分の殻を突き破って、伸びしろがある限り成長を繰り返すことはできるのです。**そのとき、もはやあなたの実力は相手とは比べものにならないレベルにまで突き抜けているはずです**。

小説や映画にあるように、私が身を置く医学界も嫉妬がうずまく世界です。実際、私もメディア露出が増えると周りからさまざまなやっかみを受けましたが、医師として多くの研究結果を残し、多くのアスリートを支え、著書累計も200万部を超えた今、絡んでくる人はいなくなりました。そうです、この本のコンセプトでもありますが、**心身のコンディションを整え、突き抜けてしまえば無敵になれます**。

自己変革に集中している間も、相手はあなたのことが気になってしまい、自分の実力を上げることに時間を割いていないのですから、その差は歴然となるでしょう。

47

エラーは予定に入れておいてミスした人には感謝を伝える

チームスポーツでは、最後の最後に、ひとつのミスで勝敗が決まってしまうということがしばしばあります。

技術的にも、精神的にも、体力的にもまだまだ未熟な学生スポーツはいうに及ばず、プロスポーツでもしばしば目にすることがあります。

1994年サッカーワールドカップ、アメリカ大会決勝戦、ブラジル対イタリア戦は、延長戦でも決着がつかずPK戦にもつれこみました。最後はイタリアのチーム得点王だった伝説のエースストライカー、ロベルト・バッジョが枠を外すミスキックでイタリアの負けが決まったこともありました。

勝負を決めるミスでなくても、ひとつのミスからチームが浮き足立って、試合展開が大きく動くということは珍しくありません。

ただしそれは、一種の準備不足だと私は考えます。

チームスポーツの醍醐味は、ひとりでは味わうことができない連帯感にあります。みんなが意識を合わせ、ひとつのプレーに集中することによって、単独ではできないようなすごいことが起きる。そして、誰かがミスをしたら、それをみんなで協力してリカバーする。それがあるから楽しく、感動するのです。

それなのに、「ミスなんてあり得ないこと、あってはならないこと」とチーム全体が受け止めてしまうと、ミスをした人が全責任を負うことになってしまいます。

でもそれは真理ではありません。ミスやエラーというのは、人間がやっている限り必ず起きることです。ましてや高いレベルで戦っていれば、ちょっとしたことで力んだり、縮こまったりして、思うように体が動かないこともあり得ますし、しびれるような緊迫した場面でこそ、ミスが出やすくなるものです。

もっとも、そんな場面では信じられないスーパープレーが出る確率も高くなります。生きるか死ぬかという重要局面になると、人間にはストレス反応という現象が起きます。滑りを止めるために手足から発汗し、ちょっとの情報も漏らすまいと瞳が大きくなり、脳に大量の酸素を送り込むために、呼吸は荒く、心拍数が上がる。そう、**一瞬に力を出し切れる、一か八かの大勝負に出られる状態になるのです**。

とにかく、ミスは一定の割合で出るものであり、とくにしびれる場面では出やすいと想定していればショックを受けることもありません。それを引きずることもなく、実害を最小限にすることができます。

チームスポーツのあり方として、ミスした個人を責めるなどもってのほかです。責められた側も、それを見聞きしていた周りの人間も、不愉快な気持ちになることは間違いありません。また最悪の場合、ミスが連鎖することもあります。

ミスが起こる原因のひとつに自律神経の乱れがありますが、**自律神経の乱れとは周囲に伝染しやすいものだからです**。

そもそも「自分はちゃんとやっていたのに、あいつがミスをしたせいで負けた」という思考では、チームスポーツをやる意味がありません。チームメイトの気持ちを思いやることが何より尊いことなのです。ミスは誰もが犯すものですし、むしろその選手がチーム全員を代表して引き受けてくれただけだと思えば、感謝こそすれ、責めるなどもってのほかなのです。そもそも、そのミスひとつで負けるくらいなら、はじめから勝てる実力がなかっただけともいえるのではないでしょうか。

これは仕事でも同じことがいえるでしょう。職場でミスをした人を責めることなく、感謝の気持ちを伝えればきっとうまくいくはずです。

48

あなたに求められるのは次世代の力を引き出すこと

ある程度の職歴と経験を重ねた人は、指導者としての役割を期待されるようになっていきます。組織から期待される前に、自分からその役割を買って出ている人もいるでしょう。

明治・大正の政治家、後藤新平の言葉「金を残して死ぬ者は下。仕事を残して死ぬ者は中。人を残して死ぬは上」のとおり、自分より下の世代を育てて残すことが大きなテーマになります。私がその目標として掲げているのが、**いい人生を送らせることです**。そこに焦点が当たっている限り、間違った判断はしないで済むと思っています。

たとえば、自分が率いるチームの教え子が手柄をあげたときに、それを取り上げて我がものにしてしまうような行為はしなくなります。

研究や開発といった分野の仕事ではありがちなことだと思いますが、もし利己的な行為をすれば、次世代の人たちから敬われることはなくなりますし、本人も後悔に暮れることになります。次世代を生きる教え子がどうすればいい人生を歩んでいけるか。それをしっかりと考え、自分の価値を伝えていけたら、誇れることになります。

後になって、自分の気持ちの中に必ず返ってくることなので、ぶれることなく誠実に人を育てていかなくてはなりません。

重要なポイントは、**「次世代=管理する対象ではない」**という点です。たとえ話として、私の留学時代のエピソードをご紹介させてください。

イギリスとアイルランドへの留学時、驚いたのは教授も研修医も、みなが対等な立場で、積極的に意見を交わし合いながら、仕事に取り組んでいたことです。

人を上から管理して行動を束縛するのではなく、「各人の個性や特性を発揮できる環境を整えよう」という精神的な土壌があったように感じます。

その象徴が、「Encourage!」(勇気づけろ!)という私の上司の口癖です。彼いわく「勇気づければ、ほとんどの人間は大成する」というのです。また「下の者がうまくいかなくなったら、ヒロユキ、それは君が悪いのだ」と教わったこともあります。

つまり、**上の人間たちに求められる資質は、「次世代の人間の力をうまく引き出す力」なのです**。

日本の場合、部下やスタッフを「管理する対象」と捉える傾向があります。どちらが若い世代が育ちやすいか。結論は明白でしょう。

とはいえ、個人の力で環境を改善していくことは難しいもの。ですから、**あなたが心の中で、「次世代を理想的に育てるための革命」を起こしてください。**

まずは「相手＝私」ではないという当たり前の原則を心に刻むことです。

これは、親子関係でも、恋愛関係でも、師弟関係でも、友人関係でも、いかなる人間関係においても同じことがいえるでしょう。価値の基準も違えば、感じ方の度合いも違います。それなのに人は、自分はこれだけやってあげてるのに同じようにしてくれないのかとか、これくらいの見返りを求めたっていいはずだとか、思いどおりに動いてくれないのかと、考えてしまいます。そして、知らず知らずのうちに相手を苦しめてしまったり、自分自身が苦しんでしまうことになったりします。

価値観や考え方の違いは、対話を重ねることによってギャップを埋めたり、相互理解を深めたりすることができます。たとえそれが埋まらない溝であったり、完全に理解できないものであったりしても、相手のことを尊重し、相手の嫌がることをせずに、相手の身になって考えることはできるようになるでしょう。結局、人間関係で大切なのはそれだけだと思うのです。

49

自己変革に
年齢なんて関係ない

本書では、さまざまな例を挙げながら、自己変革とはどのようなものであるかを説いてきました。それを読んで、突き抜ける自己変革には、代謝の活発さ、若さが大事だとイメージした人もいるかもしれません。

確かに肉体の成長は、若さの特権だといえます。一般に成長ホルモンの分泌は、思春期が最高潮で、以後は加齢とともに緩やかに減少していくといわれています。

心の成長、心の自己変革についても、その傾向はあるでしょう。やはり若者は日々新たな刺激を受けて、精神的にも大きく成長していきます。それは成長ホルモンの分泌とは何も関係がなく、むしろ関係しているのは謙虚さではないかと思うのです。

個人差はあるにせよ、若い人は自分がまだ知識がなく、世の中を知らないことを自覚しているでしょう。だからこそ、知らないことを学ぶのに抵抗がなく、吸収も早い。変化に対してポジティブだから、成長が好循環につながっていく。

しかし年齢を積み重ねると、自分は十分に知識を身につけているし、精神的にも十分に成長していると考える人が増えていきます。

こうした謙虚さが足りない年配者は、若い人からは、「頑固な老人」と見なされることになります。

ここで着目したいのは、**自己変革に年齢は関係ないということです**。

若くても成長を拒む人はいます。自分はもうこれで十分に完成したとか、もうこれ以上、新しい刺激を受けるのはめんどうだと感じる人は、たとえ年齢が若くても謙虚さがなく、「頑固な若年層」になってしまいます。

逆に、年配者にも自己変革に貪欲な人がいます。若い人の文化や、新技術を謙虚に学ぼうとします。傾向としては、運動にも熱心に取り組む人が多いようです。だからこそ、結果的に若々しい肉体と、柔軟な考え方をキープしています。

頑固か、それとも自己変革に貪欲かは、価値観の違いであり、優劣はありません。ただ、**老いも若きも謙虚さを忘れずに、まだまだ成長したいと頑張っているほうが、私には魅力的に見えます**。

それでは、どうすれば謙虚さを保てるのか、3つの条件を挙げてみましょう。

1つ目は、みなに好かれようとしないことです。誰しも「周囲から好かれたい」と願うものですが、「すべての人から好かれる」ということは、あり得ません。わかりやすい例が有名人です。熱狂的なファンが数多くいる一方で、「アンチ」も必ずといっていいほど存在します。つまり「万人から好かれよう」とすること自体、ナンセンス。それなのに、「嫌われたくない」と周囲の目ばかり気にしていると、心身ともに疲れ果て、余裕もなくなり、謙虚さからほど遠くなってしまいます。

2つ目は、見栄を捨てることです。見栄を張ると、優越感にひたることができるかもしれません。しかし、そのメッキがはがれないよう見栄を張り続けるのは、しんどいもの。自分を偽ることで、心身の健やかさを失いかねません。そうなると、謙虚に振る舞うどころではなくなります。

3つ目は、新しいものを積極的に探すことです。常に新しいものを探していると、謙虚でいられます。なぜなら「私にも知らないことがある」という気づきは、心を自ずと新鮮に保たせ、傲慢になりにくくしてくれるから。新しい技術や、自然の景色の美しさなど、多方面に興味のアンテナを張り巡らせておきましょう。

このように謙虚さを保つだけで、人生はますます心豊かになるはずです。

Condition Revolution

50

ゴールを
目指すのではなく
次のスタート地点を
決めなさい

ときどき、アメリカのメジャーリーグでとてつもない大型の複数年契約が結ばれたというニュースが入ってきます。日本とアメリカとでは市場規模が違うのは理解していますが、そのスケールの大きさに驚きます。

日本でもフリーエージェントの制度がしっかりと定着する中で、複数年の大型契約を結ぶケースがちらほらと出るようになりました。これはすべてのデータを並べて検証したわけではないので推察になりますが、大型契約を結んだものの、契約期間の最後まで期待された成績を残し続けた日本人選手というのはそう多くいない気がします。

そのことからなんとなく思うのは、大型の複数年契約を結んだことで、何かゴールに到達してしまったかのような安心感を得てしまって、生きるか死ぬかのような闘争心が湧き上がらなくなってしまうのではないでしょうか。

その一方、外国人選手は複数年契約を結んでも、実力を発揮しているケースが多いように思います。彼らにとってのゴールは、あくまでも引退後に生まれ故郷に戻って、のんびり過ごすことなのではないでしょうか。だから、まだまだ稼げるうちは稼ぎたいという気持ちが強いのでしょう。

また、日本のドラフト1位で指名された選手の中には、とくにケガをしたわけでもないのに、期待された活躍をすることなく球界を去る人がいます。やはり、ドラフト1位で大きな契約を得たことや、華やかなプロの世界に入ったことで、そこがゴールになってしまったのかもしれません。そう考えると、**人間には目標が必要ですが、安易にゴールを設定しないほうがいいのではないかと思えてきます**。

ゴールではなく通過点。あるいは、次のスタート地点を探すための仮のゴール。その意識の違いによって、心の持ちようは大きく変わるように思います。

日本では60歳定年を採用する企業がまだ多くありますが、平均寿命が延びている状況では早すぎると思いますし、あたかもゴール地点のように定年を設けることがいいことだとは思いません。

還暦という考え方も、やはり1周回ってゴールに到達したかのような印象を受けます。そうした区切りは必要ないように思います。

私が子どもだった時代は、60歳といったら完全な老人でした。60代で亡くなる方も今とは比較にならないくらい多かったものです。

ところが今の60歳は全然違います。体も頭も心もバリバリ現役に耐えられます。定年退職という制度は、そもそもアメリカにはありません。個人の考え方と企業の方針が折り合えば、年齢に捉われず新たな契約を結ぶのです。

到達した時点で気が抜けてしまうようなゴール地点を目指すのではなく、次々と新しいスタート地点を探しながら生きていく。そんな人が増えるよう願っています。

「アドラー心理学」の提唱者・オーストリアの精神科医、アルフレッド・アドラーは、「人は目標が決まればそれに向かって歩み出す」と考えていたそうです。

私もその考え方に、強く共感します。

目標を設定して、それを意識するだけでも、自律神経は整い始めます。

反対に、目標もなく漫然と生きている場合、やりがいや生きがいがなくなり、充実感や使命感、生きる意欲なども希薄になり、自律神経は乱れていくことでしょう。そうなると、心身の調子を崩すリスクが高まりかねません。そう考えると、**「目標」とは、その人の生命力を最大限に引き出してくれる最高の妙薬なのです**。

おわりに

災い転じて福となすために

最後まで本書を読んでいただき、感謝いたします。

2020年、そして2021年。コロナ禍に見舞われた世界は、とてつもない閉塞感を共有しています。どの年代の人も気持ちがふさぎ、落ち込みがちです。

でも、そんなときこそ青い空を見上げて、大きく空気を吸い込み、息を長く吐き出しましょう。時間をかけて外を歩きましょう。日本の伝統的な発酵食を積極的に食べましょう。決して単なる気分転換ではありません。それこそが心と体のコンディション革命を成し遂げ、コロナ禍から抜け出す秘訣にほかなりません。

みなさんには絶望的に聞こえるかもしれませんが、コロナウイルスがなくなることはなく、現在の新型ウイルスが旧型になったとしても、インフルエンザウイルスのようにまた新たな新型ウイルスが現れます。風邪の特効薬がないのと同じように、コロナウイルスの特効薬は開発できないでしょう。人類にできることはせいぜいワクチンを開発することであり、自然の営みに抗うことはできません。

ただ、もっとも大切なことは、感染を防ぐのも、感染した状態から治癒するのも、自分の心と体の力だということです。**人間の治癒力以上の医療は存在しません**。

免疫力を高めるには、心と体の健康状態を高めるしかありません。そのためには、**腸と自律神経の調子を整えるのが一番の近道です**。

あなただけのコンディション革命が実現できたとき、あなたは健全な心と体を持ち、それまでの自分の殻を破り、**仕事やスポーツでハイパフォーマンスを発揮できる状態にまで突き抜けていることでしょう**。

大ピンチであるはずのコロナ禍の時代に、同時にやってきている自己変革の大チャンスをあなたがつかむように祈念しています。

2021年6月吉日　小林弘幸

突き抜ける
コンディション革命

令和3年7月10日　初版発行

著者　小林弘幸（こばやし ひろゆき）
カバーイラスト　三廼
本文イラスト　佐原苑子
装丁　金井久幸（TwoThree）
DTP　TwoThree
校正　玄冬書林
編集協力　菅野徹／山守麻衣

発行者　横内正昭
編集人　岩尾雅彦
発行所　株式会社ワニブックス
〒150-8482　東京都渋谷区恵比寿4-4-9えびす大黒ビル
電話　03-5449-2711（代表）／03-5449-2716（編集部）
ワニブックスHP　http://www.wani.co.jp/
WANI BOOKOUT　http://www.wanibookout.com/
WANI BOOKS NewsCrunch　https://wanibooks-newscrunch.com

印刷所　凸版印刷株式会社
製本所　ナショナル製本

ISBN 978-4-8470-7077-8